现代英语教育理论与创新研究

覃卓敏　周津茹　肖　凡◎著

吉林出版集团股份有限公司

图书在版编目（CIP）数据

现代英语教育理论与创新研究 / 覃卓敏，周津茹，肖凡著. — 长春：吉林出版集团股份有限公司，2023.10

ISBN 978-7-5731-4415-7

Ⅰ．①现⋯ Ⅱ．①覃⋯ ②周⋯ ③肖⋯ Ⅲ．①英语—教学研究—高等学校 Ⅳ．①H319.3

中国国家版本馆 CIP 数据核字（2023）第 207723 号

现代英语教育理论与创新研究

XIANDAI YINGYU JIAOYU LILUN YU CHUANGXIN YANJIU

著　　者	覃卓敏　周津茹　肖　凡
责任编辑	王　平
封面设计	林　吉
开　　本	787mm×1092mm　　1/16
字　　数	210 千
印　　张	14
版　　次	2023 年 10 月第 1 版
印　　次	2023 年 10 月第 1 次印刷

出版发行　吉林出版集团股份有限公司

电　　话　总编办：010-63109269
　　　　　　发行部：010-63109269

印　　刷　廊坊市广阳区九洲印刷厂

ISBN 978-7-5731-4415-7　　　　　　　　　　定价：78.00 元

版权所有　　侵权必究

前 言

伴随着全球化的不断发展，跨文化交流日益增多，社会对英语提出了更高的要求。现代英语的教学目标已经从过去简单的语言知识传授转为对学生英语综合能力的提升，强调英语自主学习能力和英语交际能力。这无疑给英语教师有效组织课堂教学提出了新任务。现代英语教学应该注意培养学生的英语语用能力，不断完善教学理念、教学内容、教学方法、教学手段等，切实提高现代英语教学效果。

外语教学是不断发展的，其中出现了各种各样的教授方式，并在不同时代发挥其优势。每种教学方式的出现与当时的背景和人物有直接联系，都是对从前的方法的总结发展，并且，每一种方法都有自身的局限，并不完美。但是也不能将哪种方法一概否定，哪怕是过去的翻译法和听说法，在提高学生掌握知识上有其不可代替的作用，因此，外语教学力求灵活掌握，并且根据实际情况来选择和创造新的方法，海纳百川并找到适合自己的方式，用于教学。

由于作者水平有限，时间仓促，书中不足之处在所难免，恳请各位读者、专家不吝赐教。

目　录

第一章　现代英语教育概述 ... 1
第一节　英语教学的内涵 ... 1
第二节　英语教学的基本原则 ... 4
第三节　英语教学的结构 ... 18
第四节　英语教学策略 ... 26
第五节　英语课程与教学研究方法 ... 43

第二章　现代英语教学模式 ... 48
第一节　自主合作探究大学英语教学模式 ... 48
第二节　成果导向教育视阈下大学英语教学模式 ... 53
第三节　应用语言学的大学英语教学模式 ... 59
第四节　基于跨文化交际的大学英语教学模式 ... 64
第五节　智能手机辅助大学英语教学模式 ... 69
第六节　多元互动的大学英语教学模式 ... 75
第七节　基于"微课"的大学英语教学模式 ... 78
第八节　基于课堂与网络的大学英语教学模式 ... 81

第三章　现代英语教学方法 ... 84
第一节　大学英语教学方法的创新 ... 84
第二节　多学科交叉视角下的大学英语教学方法 ... 88
第三节　基于提升课堂学习效率的大学英语教学方法 ... 93

第四节 大学英语教学方法中的情境英语教学法 97
  第五节 构式语法与大学英语教学方法创新 101
  第六节 "互联网+"背景下的大学英语教学方法 106
  第七节 在创新创业背景下浅谈大学英语的教学方法 109

第四章 中国文化与英语教育研究 113

  第一节 中国语境下的大学英语文化教学 113
  第二节 中国文化元素与大学英语教学 118
  第三节 大学英语教学中中国文化的传播 123
  第四节 中国文化输出的大学英语"金课"教学 126
  第五节 基于OBE的"中国传统文化"英语教学 130
  第六节 大学英语教学中的中国文化认同教育 135
  第七节 大学英语教学与中国传统文化自信建立 139

第五章 现代信息技术与英语教学模式 143

  第一节 基于信息技术的大学英语动态分层教学模式 143
  第二节 信息技术支撑下的大学英语课堂互动模式 147
  第三节 信息技术环境下的英语专业笔译教学模式研究 150
  第四节 基于现代信息技术的大学英语"多元互动"教学模式 155
  第五节 基于现代信息技术的大学英语自主学习教学模式 158
  第六节 网络信息技术背景下大学英语阅读教学新模式 164
  第七节 信息技术环境下大学英语视听说混合学习模式 168
  第八节 信息技术与多模态语境下的大学医学英语口语教学模式 171

第六章 现代高校英语课堂教学研究 177

  第一节 慕课与高校英语课堂教学 177
  第二节 "互联网+"时代高校英语课堂教学 181

第三节　互动策略与高校英语课堂教学..................................184

　　第四节　多维互动模式与高校英语课堂教学..........................190

　　第五节　合作学习与高校英语课堂教学..................................194

第七章　跨文化背景下大学英语教学实践应用研究........................197

　　第一节　"微资源"在大学英语跨文化教学中的应用................197

　　第二节　英语动画电影在跨文化意识教学中的应用................201

　　第三节　协作学习在跨文化英语教学中的应用....................204

　　第四节　多模态隐喻在跨文化英语教学中的应用................207

参考文献..215

第一章　现代英语教育概述

第一节　英语教学的内涵

一、英语教学的定义

在英语学习过程中，英语教学是一个非常基本而又复杂的因素。英语教学是一种教育活动。对教师而言，教学是引导学生学习的教育活动；而对学生来说，教学则是在教师引导下的学习活动。学生是否得到发展是教学能否实现其目标的关键。教学是一个师生互动的过程，是教师教的过程，也是学生学习并在学习过程中得到全面发展的过程。

英语教学的含义，具体来说，有以下四个内容：英语教学是有目的的活动，在不同学段、学年、学期，不同的教材、单元、课文、活动有着不同的教学目的与教学目标，而教学目标又可分为不同的领域或层次；英语教学具有一定的系统性和计划性，这种系统的计划主要是由教育行政机构、学校和教师制定的；英语教学需要具体的内容，即英语词汇、语法、语音、写作、阅读等具体知识和技能的传递；此外，教学还需要采用一定的教学方法和教育技术，教学有着深厚的历史积淀，形成了大量有效的方法，现代科学技术，尤其是信息技术的发展，为教学提供了可以借助的多种多样的教育技术。

从以上的论述中，我们可以将教学概括为：在有计划的系统性的过程中，依据一定的内容，按照一定的目的，借助一定的方法和技术，教师引导学生认识世界、学习和掌握知识与技能，同时得到全面发展的活动。

二、英语教学法的定义

英语教学法是一门研究语言教学规律的科学。随着语言学、教育学、心理学和其他学科的发展，从19世纪开始，各种教学法应运而生。

在《现代汉语词典》中，"方法"的定义是："关于解决思想、说话、行动等问题的门路、程序等。"而在英语教学中，方法大致可以分为三个层面：微观层、中观层和宏观层。

微观层是指具体的教学技能技巧。在这个层面上，"方法"一词不是英语教学的专用术语，而是日常用语，意为"解决某一具体问题的某一具体做法"，我们称其为"技能"或"技巧"，比如语音教学中的跟读法、词汇教学中的默写法、语法教学中的演绎法和归纳法等。

中观层是指英语教学中的某些规律性的、固定的"套路"，是一种较为复杂的、分为若干步骤的、系统的技巧和做法。例如，3P法、IRF法、PWP法等。

宏观层是指有关英语教学的系统的理论、观点、主张和操作程序。这些理论、观点、主张和操作程序相互支持、配合，整合在一起，形成一个相对独立、完整的思想体系，在众多思想体系中自成一派。因此，宏观层的英语教学方法又称为英语教学流派，如交际法、直接法等。

概括地讲，英语教学方法是有关英语教学的思想体系。该体系有两个层面：理论基础和操作程序。理论基础是英语教学的基本理论、观点及原则等问题；操作程序是指有关教学活动的具体内容的决策、技术、技巧等问题。前者是科学分析，后者是科学应用。两者融合在一起，就是对英语教学最好的解释。

三、英语教学与教学法的关系

我们知道，英语教学法是研究英语教学规律的科学。而英语教学法的研究对象就是英语教学，具体来说，就是人们是怎样学习英语的，人们又应该如何去教英语。英语教学法研究的是英语教与学的问题，因此，它常涉及的内容包括：语言是什么，学习英语是一个怎样的过程，学习英语有什么样的规律，教授英语应遵循怎样的原则，教学过程是怎样的、有哪些特点，教授英语可使用什么样的方法和技巧，英语教学与语言环境有何关系，教与学存在着什么样的关系，等等。英语教学法来自英语教学实践。它和英语教学实践的关系是密切的。

在英语教学实践里，人们积累了教学经验，也取得了对英语教学工作的认识。在教学经验里有成功的经验，也有失败的经验。这些经验从正反两个方面加深人们对英语教学工作的理解，并帮助人们发现和认识存在于英语教学中的一些规律。英语教学法是从英语教学实践里发展起来的。

从英语教学实践里发展起来的英语教学法，还要回到英语教学实践中去，一方面起指导教学实践的作用，使教学实践遵循一定的理论顺利进行；另一方面要接受教学实践的验证，并在教学实践里获得进一步的发展和提高。因此我们可以说：英语教学法的生命力存在于英语教学实践之中。

英语教学法的发展过程也是理论和实践辩证统一的过程。首先，人们要在错综纷繁的教学实践中，通过去伪存真的方式对好的方式或方法进行整理，提炼出带有普遍意义的教学规律；反过来要用带有普遍意义的教学规律，对具体的教学情况进行具体的分析，进一步指导错综纷繁的教学实践。进一步的实践产生进一步的理论，理论再应用于实践。这整个过程都依赖于教师的主观努力，即使教学规律是客观存在的，是不以人们的意志为转移的，但要发现和认识它，并准确地把它表述出来，使之成为教学理论，也并非易事，所以认真钻研和思考是十分必要的。同样，要想准确而恰当地应用具有普遍意义的教学规律去指导错综纷繁的教学实践，使教学规律发挥作用、产生效果，也并非易事，也需要认真分析教学里的实际情况，掌握教学规律的实质，然后才能使之奏效。英语教学法要发展，英语教学的质量要提高，就必须要在这个发展过程中的每一个阶段下功夫。

随着时间的推移，人们的教学经验在增加，时代的科学文化水平在提高，今天英语教学法已成为一门朝气蓬勃的新兴科学。这不仅由于它有自己整套的学科内容和体系，更重要的还在于它在推动英语教学方面所起的积极作用。英语教学法受到人们的普遍重视，越来越多的人将会投身到英语教学法的研究中来。

第二节　英语教学的基本原则

一、兴趣原则

兴趣是推动英语学习者不断前进的最强有力的动力。对于学习者来说，英语学习的兴趣在很大程度上决定着英语学习的成功与否。事实上，很多学生一开始对英语学习并不是排斥的，这是他们对英语学习的天然兴趣，以及对新鲜事物和对异国语言与文化的好奇所致。然而，在实际的英语教学中，由于教师教学方法的不当、考试体系的不科学等，学生的学习兴趣并未得到很好的维持，而教师也未能对学生学习英语的兴趣给予进一步的激发与培养。因此，教师要从自身出发，努力激发和培养学生学习英语的兴趣，具体来说，可在以下四方面做出努力。

（一）了解学生真正感兴趣的问题

教师只有了解了学生真正感兴趣的问题，才能够因需施教，真正激发学生的学习动机。而要想激发学生学习英语的兴趣，教师可以采取注意发现和收集学生感兴趣的问题的做法，并把这些问题作为设计课堂教学活动的素材。例如，在讲授英文字母时，可以编排英语字母体操来调动学生的兴趣；在教数字时，可以请学生收集自己家里所有的数字，这一活动与学生生活密切相关，学生会比较感兴趣，这样就能很好地调动学生学习英语的兴趣。

（二）了解和鼓励学生的进步

善于发现学生的进步，多鼓励表扬，是培养学生兴趣的一个有效方法，通过这种方式可以培养学生的自信心和成就感。对于学生来说，学习的效果可以在很大程度上维持他们的学习兴趣，在英语教学中，教师可以通过灵活采用奖品激励、荣誉激励、任务激励、情感激励等多种方式，对学生所取得的进步给予鼓励。同样，兴趣也是在这种激励中被逐步培养起来的。

（三）深挖教材

教材在英语教学中有着举足轻重的地位，教师要想最大限度地调动学生的积极性，可以在准备教学时认真研究教材，挖掘教材中的兴趣点，以减少教材的枯燥，保持每节课的新鲜感，保证教学的内容和活动能让学生感兴趣。

（四）改变传统的英语教学与评价方式

传统的英语教学存在过于强调死记硬背、机械操练的倾向。一定的死记硬背和机械操练的活动在英语学习中虽然不可缺少，只是一定要注意此类的活动不宜太多，尤其是在小学英语教学中。过多的机械性操练很容易导致教学的死板与乏味，容易使学生失去或降低对英语的学习兴趣。因此，在英语教学中应努力创设知识内容、技能实践和学习策略需要的情景，以开发学习者学习英语的思维，帮助他们加速英语知识的内化过程，使他们能够在英语交际实践中灵活运用听、说、读、写的知识与技能，最终使英语知识变为自己进行交际的工具。通过此种教学方式，学生不仅能够获得交际能力的提高，同时，综合素质也会得到相应的提高，学生的学习兴趣也会因良好的学习效果而得到巩固与加强。

此外，应试教育中传统的英语评价方式对学生学习兴趣有着消极的扼杀作用。要想避免这种消极影响，应逐渐改变评价方式。基础英语课程的评价应以形成性评价为主，采用的操作方式也应该是学生在平时教学活动中常见的，重视学生的态度、参与的积极性、努力的程度、交流的能力以及合作的精神等。除形成性评价外，针对学习者不同阶段的考试，可以采用笔试与口试相结合的方式。这两种方式所考查的知识点不同，笔试主要考查学生听和读的技能以及初步的写作能力，口试主要考查学生实际的语言应用能力。

二、以学生为中心原则

以学生为中心是英语教学的首要原则，因为学生始终是教学和学习过程中的主体。教师作为过来人，熟悉教学内容，了解学习的有效方法和途径，在教学的过程中，必须以学生为中心，发挥自己的指导作用，为学生创造学习条件，随时给学生提供帮助，调动学生的学习积极性。总之，教师的一切教学工作都是围绕学生的需要而进行的。

教师的主导作用在于帮助学生加速学习进程。在学生遇到困难的时候，教师要及时给予帮助，使学生的困难得以及时解决；当学生面对困难不知所措时，教师要及时引导，使学生找到解决的办法；看到学生愿意接受学习任务且跃跃欲试时，教师应该给予学生更多锻炼的机会；看到学生的学习情绪不高时，教师要及时予以鼓励，提高学生的学习热情；学生在学习上取得成绩时，要及时提出更高的要求，使学生始终保有目标，继续努力。

要求教师以学生为中心就是要求教师的心里要时刻装着学生，应把教建立在学生的学上，教学的一切工作都要围绕学生的学习进行。在备课时、在教课时、在课后批改学生作业时，教师都要考虑学生的心理和需要，注意学生的表情和反应,分析学生掌握的情况,安排和调整自己的教学方法和步骤以适应学生的需要。只有以学生为中心,才能让学生明确学习意义、学习内容和学习目标,才能使学生看到奋斗的目标,使学生看到已经取得的成就,使学生在学习里既有奔头,又有学习的信心,这样才能在学习的道路上勇往直前。

三、循序渐进原则

在英语教学中,最先应遵循的原则便是循序渐进原则。贯彻循序渐进原则时应注意以下三点。

(一)从听说技能的培养过渡到读写技能的培养

通过英语课堂中的听说教学,学生可以学到正确的语音,掌握基本的词汇和基本的句子结构,进而为读写能力的培养奠定基础。而且,英语教学从听开始,也符合中国英语教学的实际情况。英语作为一门外语课程,对于绝大多数中国学生来说,都缺少英语的语言环境。而"听"便成了他们获取英语知识和纯正的语音语调的唯一途径。也只有具备了一定的听力能力,才能听清和听懂别人说的英语,才能使学生充满信心地用英语与别人进行交谈,也才能确保英语教学顺利、有效地进行。因此,在整个英语教学过程中,尤其是初级教学阶段,教师在每节课中都要尽量为学生创造一个良好的语言环境,培养学生听的能力,并在此基础上,结合相应的听力内容,循序渐进地培养学生的口语表达能力。听、说、读、写是英语的四项基本技能,是需要全面发展的,但在英语初级阶段的学习中,特别是起始阶段,教学应先从听、说入手,然后进一步培养学生的读、写能力。

(二)语言知识学习从口语过渡到书面语

英语包括口语和书面语两种形式,其中位于第一性的是口语,位于第二性的是书面语。从语言发展的历史来看,口语先于书面语。人类在几十万年前从学会劳动的时候起就开始说话，但文字的出现要比口语晚得多。这就决定了英语学习要从口语开始，然后逐渐向书面语过渡。其次，口语里出现的词汇比较常用，而且大都是日常生活用语，句子结构也相对简单，与书面语相比更容易学习，通过口语的学习，学生可以很快地获得与日常生活相关的交际能力。

（三）语言知识与技能、使用语言的能力不断循环与深化

在英语教学中，要使学生掌握一个语言项目是不可能一次完成的，它需要进行多次的循环，而且这种循环每一次都是对前一次的深化。例如，关于名词的单复数问题，在开始阶段只是要求学生知道在英语中名词有单复数形式，然后随着学习的逐渐深入，使学生了解规则名词复数变化的规律，最后再掌握不规则名词的复数形式。而且在具体的课堂教学中，教师应该注意在学生已有的语言知识和已经熟悉的语言技能的基础上，讲授新的知识、培养新的技能，在教授新知识的同时还必须复习前面的内容。

四、交际性原则

英语学习的最终目的是为了交际，因此英语教学也始终应坚持交际性的原则。英语教学的首要目标就是培养学生的交际能力。具体来说，就是培养学生能够运用所学的语言知识在不同的场合、对不同的对象进行有效得体的交际。要做到交际性的教学原则，教师在英语教学中应努力做到以下四点。

（一）正确认识英语教学的性质

要想落实交际性目标的要求，首先需要认清英语教学的性质。英语教学是一种技能培养型的课程，在教学中，教、学、用三个方面构成一个有机的统一体，这三者之间是一种相辅相成的关系，其中"用"在这三个方面中处于核心地位。与学习游泳、学习踢足球类似，使用英语进行交际的能力是在使用的过程中培养

出来的，只有理论没有应用，很难达到预期的目标。因此在教学中应加强英语使用的力度。

（二）将英语作为一种交际工具来教

英语是一种交际工具，英语教学的目的是培养学生使用这种交际工具的能力。使用交际工具的能力是在使用当中培养的；英语教学中的交际原则要求教师要将英语作为一种交际工具来教，也要求学生把英语作为交际工具来学，还要求教师和学生课上、课下都将其作为交际工具来用。

教学活动要和以英语进行交际紧密地联系起来，力争做到英语课堂教学的交际化。在英语教学中，教师或学生不是单纯地教或学英语知识，而是通过操练，培养或形成用英语进行交际的能力。教师要尽量利用教具为学生创造适当的情景，协助学生进行用英语来交际的真实的或逼真的演习。这样使学生不仅能学得有兴趣、有成效，而且能真正体会英语的用场，学了就会用。从教的第一天起就应该这样做，还要一直做到底。

（三）在教学中创设交际情景

在传统的英语教学中，很多教师只偏重语法结构的正确性，学生通过这种教学并不能具备良好的英语交际能力。要想让学生具备使用英语进行交际的能力，也就是说能够在适当的地点、适当的时间，以适当的方式向适当的人讲适当的话，就应在英语教学中创设情景，开展多种形式的交际活动，以此来提高学生英语语言应用的能力。我们知道，利用语言进行的交际总是发生在特定的情景之中。情景包括时间、地点、参与者、交际方式、谈论的题目等要素。在某一特定的情景中，某些因素，如讲话者所处的时间、地点以及本人的身份等都制约他说话的内容、语气等。而且，在不同的情景中，同样的一句话也可以表达不同的意义和功能。这句话可能表示的意思有两种：一是向别人询问时间，是一种请求的语气；

二是可能表示对他人迟到的一种责备。因此，在英语教学中，要把教学的内容置于一种有意义的情景之中，这样才有可能让学生充分理解每一句话所表达的意思。另外，在一定情景中进行的英语教学还可以使学生身临其境，提高学习英语的兴趣。因此，英语教学活动要充分结合教材的内容，利用各种教具来开展各种情景的交际活动，这样对学习和教学都会产生有利的影响，收到不错的教学效果。另外也可以设计任务型活动，让学生通过完成特定的任务来获得和积累相应的学习知识与经验。需要注意的是，这些活动需要具有交际的性质，这样才利于交际目标的完成。

（四）结合学生的生活来选择教学内容与活动

在进行英语教学时，现实生活这个因素也是需要考虑的，因为语言总是与现实生活密切联系的。因此，在英语教学中，教师应把语言和学生所关心的话题结合起来，给学生提供足够的、内容丰富的、题材广泛的、贴近学生生活的信息材料，这样的材料因为具有一定的现实性，因此容易使学生产生共鸣，从而调动学生的兴趣，也能促使他们认识到学习英语的目的在于交际，而不是应付考试。另外，由于英语教学内容具有真实性，因此要求教材的语言和教师的语言也都是真实的。具体来说，就是教材的语言和教师的语言不是为了方便教学而人为编写出来的，而应该是英语本族语人在交际过程中所使用的语言。可在我国目前的英语教学中，这种真实性的材料却不多见，还需要有关人员做出些许努力。

五、灵活性原则

坚持灵活性的原则一方面可以提高且保证学生在教学中的兴趣，另一方面是由于语言本身的性质决定的。因为英语语言是人们生活的一个必要组成部分，其本身就是一个充满活力、不断发展的开放性系统。因此，只有在教学方法、语言学习和语言使用方面做到灵活多样,才能使英语教学富有情趣。灵活性原则要求教师在教学过程中做到以下两点。

(一) 英语教学中使用的语言应具有灵活性

英语教学中不应只是让学生认真听讲和做好笔记,因为英语学习的关键在于使用,那么应让学生参与到教学中,运用英语来实现目标、体验成功。对于教师来说,要想带动学生使用英语,可以通过自身灵活地使用英语来实现,为学生树立模仿学习的榜样,同时培养运用英语的氛围。例如,教师可以适当地用英语组织教学,用英语讲解、提问与布置作业等,这样有利于使学生感到他们所学的英语是活的语言。教师还可以布置灵活性的作业,让学生在课下也灵活地使用英语。作业的布置并不是随意性的,应侧重实践能力,如可以让学生用磁带录制口头作业,让学生轮流进行值日报告、陈述、评议时事和新闻等。

(二) 英语教学中采用的教学方法应具有灵活性

在英语教学中,教师应采用具有灵活性的教学方法,其原因包括以下三方面。

(1) 在英语教学史上出现过许多种不同的教学方法和流派,如语法翻译教学法、交际教学法、视听教学法等,但每种方法对于教学并不具有普遍性,它们都有其自身的优势与不足。因此,教师应该兼收并蓄、集各家所长,不能拘泥于某一种所谓流行的教学方法。

(2) 英语教学内容具有多样性。如以英语的内容为标准,可以把英语教学划分为两种:一种是语言知识的教学,包括语音、语法、词汇等内容,而且不同的语音、不同的语法项目、不同的词汇所具有的特点也是不同的;另一种是语言技能的教学,主要包括听、说、读、写四方面。

(3) 从学习者自身来看,由于他们在个体方面存在着很大的差异,因此,在英语教学中要综合学生、教学内容以及教师自身的特点,创造性地开展多种多样的教学活动，灵活运用教学方法和教学内容，保持英语课堂的新鲜度与趣味性，从而使学生学习英语的热情得到激发，学习的兴趣得到培养，逐渐帮助学生探索与掌握英语语言学习的规律。

六、真实性原则

真实性原则也是英语教学中的重要原则。贯彻真实性原则有助于我们更好地理解英语教学的实质，从而全面提高学生的综合语言应用能力。实现真实必须做到以下四方面。

（一）采用语用真实的教学内容

教学内容不仅包括课文，还包括例句、课内外训练材料和练习等所有供学生学习的材料。英语教师在开始教学前应从语用的角度认真分析课文，不仅分析课文语句的结构意义，更要着重把握语句的语用意义，了解语句使用的真实语境，研究语句中包含的情感、态度、语气、意图等，准确把握课文中所有语句的真实语用内涵，同时编写或者从已有的教学用书中选择语用真实的教学例句和课内外练习。这样就可以在教学前指向语用教学，而且明确指向以培养英语运用能力为目的的语用教学，从而保证学生能够获得语用真实的英语运用能力。

（二）把握真实语言运用的目的

英语教学的最终目的是培养学生的综合语言运用能力，这种能力是一种语用能力。这里的语用目的不是语用学概念，而是指教学内容体现在语用能力方面的教学目的，主要表现在如下三个方面：语句的语用功能目的、对话语篇的语用功能目的以及短文语篇的语用功能目的。其语用功能目的又可分为功能性语用目的和学习性语用目的。

（三）设计组织语用真实的课堂教学活动

课堂教学是通过一系列的课堂教学活动来完成的。尤其是在中小学英语课堂教学活动中，呈现、讲解、例释、训练、巩固等课堂教学活动都要与语用能力的培养密切相关。对学生语用能力的培养要贯穿英语教学的全过程，融于语言学习各环节的学习和训练之中。在这些教学活动中，英语教师应基于语用真实的指导思想来设计教学活动。呈现、讲解时，不仅要呈现、讲解教学内容的真实语义，还要明确呈现、讲解教学内容的语境和言外之意。例释环节中所有的例句不仅语义要真实，语境和语用意图也要真实。进行训练和巩固时不仅要进行真实语义的训练和巩固，更要关注如何在恰当的语境下表达恰当的语用意图。所有教学活动都要充分考虑语用的真实性。

（四）编排语用真实的教学检测评估方案

对于教学来说，教学检测评估有着很大的反馈作用。通过设计编排语用真实的教学检测评估，可以发现学生的语用能力还存在哪些不足之处，从而调整教学。特别是对学生语用能力培养方面的教学能起到更直接、快捷、有效地培养学生英语运用能力的作用。教学检测评估题既要符合测试的基本原理，更要注重测试的运用能力；不仅要语义真实，更要语用真实，否则就会误导教学，弱化学生运用英语能力的培养。语用真实会引导学生在学习中更自觉地去把握学习内容的真实语用内涵，从而进一步强化学生英语运用能力的自我意识，而这必将促进学生更有效地获得运用英语的能力。

七、背诵与练习相结合原则

事实证明，大量背诵课文与大量做练习相结合是一切条件各不相同的英语教学的普遍有效的方法。因此，有必要把这一点提高到原则意义上来加以认识和贯彻。

背诵范文应该是学生学习语言行之有效的方法。背诵大量好的英语文章或段落会对学生以后的学习产生诸多益处，例如，有利于对语音和语调的正确、熟练地掌握；有利于语法和词汇的巩固；有利于语感的发展和口语与书面语能力的提高等。

同时，大量的背诵是通往真实交际的重要途径之一，是作为预备性的语言练习和巩固性的语言练习的重要形式来使用的。大量背诵只有同多种练习紧密结合、及时配合、穿插呼应，才能起到有效作用。同时，也只有这样，背诵才能得到真正的检验，才会达到交际的目的。

可见，背诵与活用基本是同步的。只有将二者结合，才会使英语学习的效果更加明显。一篇课文的背诵至少经过三个层次：尝试性的、半熟性的、流利性的。围绕一篇课文的多种练习也是多层次的：改变人称和时间，同义词句代换、提问题，回答问题，扩展课文，压缩课文、复述大意、模仿作文、改变体裁、交流读后感等。在背诵与多种练习互相接应、互相支撑、互相补充的作用下，学生将不会因为大量背诵而苦恼，反而会将二者的结合作为一种学习的乐趣。

八、巩固性原则

巩固性原则要求学生在学习中牢记已经学习过的英语知识和技能。具体来说，就是要求学生的外语基础知识牢固，能够熟练地运用英语进行交流和学习。每上一节课、教一课书，教师就应该让学生明白所讲的内容，就是应该懂的是不是懂了，应该会的是不是会了，应该记住的是不是都记住了。学生不能不懂装懂，教师更不能不管学生能否接受而一味地讲授新知识。贯彻巩固性原则要注意以下两方面。

（一）注重当堂巩固的重要性

掌握知识和技能的客观规律要求我们在学习新的内容以后立即进行巩固。学生学习英语最大的障碍就是遗忘,这种遗忘往往是从刚开始学习后就立即开始的,而且在学习后的最初阶段遗忘速度最快。刚学的单词如不加以多次强化重复,就会马上忘记。正因如此,我们在教学过程中要特别强调立即巩固。学完一个新知识点就要马上进行巩固,这样就会记得比较牢固。如果一味地学习而没有进行当场巩固,就很容易忘记,无法取得良好的效果。

例如,当教授单词的用法时,某个单词可能表示几种意思,教师要围绕词义举一些例句做示范,举例后可领读例句,然后请学生参照教师的范例造句。一方面检查学生是否已经理解、会用,另一方面就是进行当场巩固。还可以采用教师读例句,请学生译成中文,或教师说中文例句,要求学生译成英语,或利用这个单词进行问答练习。如果是刚刚讲授一课对话,可先由教师和学生进行示范对话,然后按小组进行群众性练习,最后再指定学生上讲台进行对话。这些当堂巩固的方法都能起到良好的效果。

(二)组织经常性的复习

当堂巩固固然重要,但仅依靠当堂的巩固并不能使学生牢固地掌握已获得的知识和技能。

在英语教学过程中还必须有计划地进行经常性的复习,这样才能够帮助学生熟练地掌握英语。组织复习时应注意以下三点。

(1)复习在外语课的每一课时都可以作为一个步骤来进行,起到承上启下的作用。

(2)在教学的各个步骤或各种练习中都应该注意新旧材料的联系,这样既是在学习新知识,同时也是在复习旧知识,这也实现了复习。

(3)组织定期的阶段性复习。如果平时不注意复习,只到期末进行总复习,时间就显得比较紧,前面学过的知识也容易被遗忘。因此,在拟订学期教学日历时就要加以注意。每学期可以安排若干次的阶段复习,并且要进行测验以达到监督学生学习和检测学生学习效果的目的。

九、精讲多练原则

精讲多练要求教师在教学过程中,既要重视讲的作用,又应保证练的需要,把讲和练的作用结合起来,发挥师生两方面的积极性。同样,英语课堂上的工作也不外乎讲和练两种,前者是指讲授语言知识,后者是进行语言训练。在课堂上,适当地讲授一些语言知识是必要的,可以提高学习的效果。就如同学习滑冰一样,在上冰之前,老师讲解一些注意事项、滑冰的动作要领,可以有助于提高学生在冰上训练的效果。但是,英语首先是一种技能,技能只有通过实际训练才能获得。所以,教师首先必须清楚,讲解的目的在于帮助学生更好地训练,而不是讲解本身。教师可以采取多种形式的语言训练活动。在语言训练的过程中要针对学生的具体问题给予"画龙点睛"式的点拨。当学生掌握了一定量的语言事实时,则要进行适当的总结与归纳,使学生的认识条理化、系统化,这不仅有利于学生语言交际能力的培养,还有助于学生养成良好的学习与思维习惯。在进行必要的讲解之后,要给学生留出足够的训练时间。

十、可持续发展原则

坚持可持续发展原则主要包含以下两方面的含义。

(一)帮助学生掌握正确的学习策略

学习策略是指学生为了有效地学习和发展而采取的各种行动和步骤。英语学习的策略包括以下四种。

(1)认知策略,即学生为了完成具体学习任务而采取的步骤和方法。

（2）交际策略，即学生为了争取更多的交际机会、维持交际以及提高效果而采取的各种策略。

（3）调控策略，即学生对学习进行计划、实施、反思、评价和调整的策略。

（4）资源策略，即学生合理并有效利用多媒体进行学习和运用英语的策略。

学生的学习成绩受多方面因素的影响，如学生的心理特点、健康状况、学习基础、学习动机、学习策略、教师的水平、学习的环境、社会和集体的影响，以及家长的影响等。在这些影响因素中，学习策略占据着重要的地位。学生如果在学习的过程中采用了科学、正确的学习策略，便可以有效节省时间，并能避免走弯路，使学习的效果更佳。因此，在英语教学中，教师应帮助学生形成适合自己的学习策略，培养他们不断调整自己学习策略的能力。在具体的英语课堂实施中，帮助学生有效地使用学习策略有助于他们采用科学的途径来提高英语学习的效率，并有助于他们形成自主学习的能力，为以后的学习奠定坚实的基础。

（二）培养学生积极的情感态度

如前所述，情感态度是英语教学内容的重要组成部分。陈琳、王蔷、程晓棠等对如何在英语教学中培养和发展积极的情感态度提出了以下两条建议。

（1）结合学习内容讨论情感问题。在日常的英语课堂教学中，教师要注意融入积极情感态度的培养，针对学生学习过程中出现的具体问题进行具有针对性的引导，帮助学生解决情感态度方面的问题。

（2）建立情感态度的沟通渠道。情感态度的沟通和交流渠道可以通过教师在课堂教学中建立起来，例如，建立融洽、民主、团结、相互尊重的课堂氛围等。有些情感态度可以集体讨论，有些问题则需要师生之间进行有针对性的单独探讨。但在沟通和讨论过程中，教师要注意尊重学生的感受，避免伤害学生的自尊心。同时，情感具有外在和内在的表现，教师要仔细观察，了解学生的情感态度，以培养学生积极的情感，消除其消极的情感。

第三节　英语教学的结构

一般来说，完整的英语教学由四个环节构成：组织课堂教学、检查和复习上次课的内容、讲授新材料与布置课外作业。下面对这四个构成环节进行详细的阐述。

一、组织英语教学

组织教学是构成英语教学的第一个环节。这个环节主要是为了保持安定的课堂秩序，以便于使学生的注意力集中，这样才能使他们排除干扰，安静地、用心地学习，提高其学习效率，也使教学能够顺利进行。在各级学校的课堂教学里，组织教学的工作都显得非常重要，英语教学也不例外。需要特别注意的是低年级学生，他们年纪小、爱说、爱动，自我控制的能力低，注意力容易分散，这时组织教学工作显得尤其重要。

（一）组织英语教学的原则与步骤

1.组织英语教学的原则

教学组织包括的内容有：教师角色的选择、指令的给予、活动的组织方式、如何对待精力不集中或无组织纪律性的学生、大班上课的组织方式、对教学步骤的控制方式等。每个教师都必须掌握对这些问题的处理方式。下面介绍四种主要的组织英语教学的原则：

（1）交代指令适当。在英语教学中，指令是对学生活动的指导。指令并不是可以随便发布的，它须简短、清楚，适当配以演示。而且在交代指令前，教师应保证学生都已将注意力集中到教师的身上，这样才能保证指令发布的有效性。

而在另一些状态下，如在混乱状态或当学生正忙着手中之事或私自交谈时，不宜发布指令。

在交代活动的指令时要想保证其效果，应做到以下六点：①注意新旧知识的连接。②交代活动的相关信息，包括方式、目的、操作步骤、时间、反馈要求等。③检查学生对指令的理解。④让学生清楚活动如何开始。⑤终止指令要清楚，同时教师要对学生的活动做出适当的评价。评价中需要注意的是要采取有利于学生建立自信、发现问题并且明确改进的方式。⑥要留出时间供学生提问。

（2）选择适当的英语教学活动参与模式。教学活动的载体是课堂内的参与活动，而参与模式决定着学生参与的程度。常见的参与模式有全班集体活动、同伴活动、小组活动和个人活动四种。采用什么样的模式应视学习内容而定。但是，参与模式应满足学生动手、动口的需求，因为学生通过参与和做事来学习，而不是通过单纯听讲来学习的。为使更多的学生参与英语教学活动，一般的主要活动模式是同伴活动或小组活动，并在活动中经常变动伙伴，以达到多数参与的目的。

（3）合理控制英语教学活动时间和参与人员。一般在英语教学中开展的活动都会有时间限定，如果学生未能在规定的时间内完成任务，教师视情况可让其继续或停止。如果让他们继续进行活动，则应明确时间界限，但在进行之前应首先了解清楚学生完成的情况，不能按时完成的原因也要了解清楚。

在完成活动的过程中，由于学生语言水平不一，完成同一任务所需时间也会不等。有的学生能提前完成任务，而有的却可能拖延时间。对于提前完成任务的学生，如果教师不给其进行其他活动的安排，他们就会无事可做，有可能影响其他学生，甚至对活动失去兴趣，影响以后的教学效果。在这种情况下，教师可以通过以下安排来控制参与人员的内容进度：

①给提前完成任务的同学分配额外的活动任务。例如，提前完成任务的有两个以上小组，可以将这些小组组织在一起，对照检查任务完成的情况，这就是一

种额外活动的安排。②将提前完成任务的学生编到未完成任务的小组。

（4）合理摆放英语教学座次。座次的摆放对教学活动的组织影响很大。固定的座次不利于同伴活动和小组活动的开展，但活动的桌椅如摆放不合适也对活动的组织不利。

2. 组织英语教学的步骤

组织教学这个环节是上课的开始，也贯穿于整个教学过程。具体来说，就是上课的过程中，教师应随时注意组织学生专心地积极地参加教学的活动，以保证英语教学的效果。

这个部分一般包括的内容有：

（1）师生相互问好，以便把学生的注意力吸引到教师身上来。

（2）教师登记学生缺席情况，以便日后为他们补习英语课程。

（3）值日生报告。

（4）宣布本节课授课内容和目的，把学生的注意力引到学习上来，并开始讲课。

上面四点中，值日生报告需要注意以下四点：

首先，值日生报告由学生轮流进行，并不固定为某一个学生。当天值日生自由选题讲 2~3 分钟。教师边听边记录学生错误，学生讲完后，将学生讲错的地方写在黑板上，以供学生改正。其次，学生在准备值日生报告时可以事先将报告内容写成文章。这一做法在某种意义上可以作为作文练习的补充。再次，也可以作为一种个别指导的重要机会，这种机会在平时是很少有的。通过板书来纠正学生的错误，不仅对值日生，而且对其他学生来说，也有利于他们防止犯类似的错误。①最后，要注意值日生报告的时间不要拖得太长，因为它不是上课的主要目的。这一内容总共所花时间（包括纠错在内）最好不要超过 10 分钟。如果时间充裕，也可以由教师补充一些与值日生报告题目有关的内容，让学生听。

---

① 王佐良．翻译：思考与试笔 [M]．北京：外语教学与研究出版社，1989.

(二) 组织英语教学需注意的问题

1. 对组织英语教学要有正确的认识

谈到英语教学中的组织教学,很多人对其的认识都存在有误区,主要表现在以下两个方面:

(1) 认为英语组织教学只是在课堂教学开始时进行,而且也就几分钟,其实整堂课都要随时注意组织教学,才能保证整堂课的顺利进行。

(2) 认为英语组织教学就是训斥学生,这种认识显然太过片面,也不准确。

2. 组织英语教学中可采用适当的方法

在目前的英语教学中,一些英语教师组织教学的方式就是说教,在实际应用中这并不是最好的方法。其实,只要教师把课组织好,循序渐进地进行教学,让学生感到课堂上有收获和进步,他们就会自觉地把注意力集中在英语的学习上。当然,也有一些具体的方法可以遵循。如在组织教学时,教师不断地向学生提出问题,进行引导;教学逐步提高要求,适当高于学生水平的要求利于使学生经常处于积极状态;可以根据情况适当改变教学方式,以促使学生集中注意力;根据学生的表现,恰当地予以表扬、鼓励和批评,而以表扬为主,这样有利于增强或保持学生对英语学习的信心。只要教师在英语教学中善于引导,学生是会积极配合的,那么组织教学也就不是什么问题了。

二、检查和复习上次英语课的内容

这个环节在保证教学的连续性方面起着重要作用。通过该环节的进行,教师可以了解到教学效果,对教学的进展情况做到心中有数。这个环节在已学内容和教学新内容之间起着桥梁作用,具体来说,是已学内容的延续,为新内容的学习做准备。

（一）检查作业

检查作业常和复习巩固前次所学内容结合进行。在检查作业的同时或检查作业之后可以根据发现的问题补充一些练习。这些练习一方面可以巩固深化已学内容，另一方面也可以弥补薄弱环节。检查作业包括前次上课留的口头和笔头作业。笔头作业一般收齐后教师带走课后批改。口头作业常采用口头形式来检查，因为口头形式比较灵活，方式多样，在课堂中可以包括听、说、读、写多种实践活动。另外，口头作业的检查也可以口头形式为主，辅之以笔头形式。譬如，在全班进行口头造句时，可要求2~3个学生到黑板上造句，这样利于发现比较全面的问题。其实，检查作业也可以说是辅导学生的常规方式。通过检查学生的作业，教师可以及时发现学生在学习中存在的问题，然后才能在课堂中有针对性地给予解决。而不同的检查方式所产生的作用也是不同的：

（1）英语课堂上集中核对学生的作业答案，可以有针对性地对典型错误进行讲评，使学生相互借鉴。

（2）英语教师详细对所有学生的作业进行检查，可以对每个学生的学习情况都有所了解，以便针对性地解决。

（3）英语教师安排学生相互检查作业，不仅对提升学生的英语水平有利，还可以培养学生发现问题的能力。

（4）英语教师当面检查学生的作业，可以对存在问题的学生进行个别辅导，便于提升班级整体的英语水平。

在检查作业中，不管是口头作业还是笔头作业，教师与学生之间都在进行着交流。在这个过程中，如果发现学生的问题，教师要实事求是地指出，同时可以帮助学生解决一部分问题，鼓励学生自行解决一部分问题，在解决问题的同时锻炼学生自主学习的能力。需要注意的是，在上交的笔头作业中，教师一般都要写评语,这时,不能随便什么话都写,比如,打击学生的话语就不能写,做得再差的作业也一定有可以发现的优点。

(二) 提问

对于检查和复习时进行的提问,英语教师对学生的回答可以进行评分,以作为平时成绩的记载。提问有两种,即个别提问和全班提问。提问时一般先对全班发问,后叫个别学生回答。在提问时主要有两方面的问题需要注意:

(1) 提问的项目分量要小,形式要短小简单,化整为零,以便使更多的学生参与其中。提问的学生要普遍,最好能够遍布到全班级,不要仅集中在几个学生身上。

(2) 在提问时要对差生给予更多的关注。在英语教学中由于各种原因,总会出现一些差生,对于这些学生的英语学习,教师需要对其进行必要的教学辅导,才能更好地配合英语教学。例如,在英语课堂中多给成绩较差的学生回答问题的机会,而刚开始向他们提出的问题一般都较简单,以利于提高他们的自信心,然后逐渐向他们提较难的问题,提高他们的英语水平,最终使他们赶上其他学生。

三、讲授新的英语材料

讲授新的英语材料是构成英语教学的第三个环节。下面从讲授新课的内容以及方法来对这个环节进行详细的阐释。

向学生讲授新英语课的目的主要包括两方面:使学生感知和理解新的英语材料;使学生初步运用新的英语材料。

(一) 使学生感知和理解新的英语材料

在英语教学里,一定要使学生对所教内容能够理解、明白。比如,对于所教的英语单词,既要使学生知道它的读音和拼写,也要明白单词的意思和用法,这样的词汇积累才是有效的；对于所教的英语句子，要使学生接触和把握句子的读音、声调或书写形式，并明白它的意思；对于所教的英语语法，要使学生了解有关的语法规则及其用法。在讲解时，需要采取一定的方式来进行。比如，可借助实物、模型、图画、手势、动作、表演、情景等，这样直观的表达，利于使学生把英语句子和单词与它们所表示的事物和概念直接挂钩，便于加深学生对其的理解；可以用英语释义，必要时也可以用汉语释义，使学生最终理解所学内容；还可以用示范或举例的方法来说明，如示范发音和朗读以让学生进行模仿，列举例句以在运用中说明单词或某项语法的意义和用法等。掌握英语通常是一个理解、记忆、运用的过程，学习新的英语知识是这个过程的开始，也是完成整个过程的基础。教师讲解必须简明扼要、有重点，暂时没有用处的或学生当时不能接受的，一概不讲，这样做的目的是让学生能够先对容易的知识有初步的理解，为下一步深入的讲解做准备。能用图表和实物等直观手段的，教科书上有说明的，就不讲或少讲，以提高英语教学效率。在讲解时，通常用谈话方式，常提出启发性的问题，引导学生积极思考，这样利于学生自主学习能力的提高。在讲解时应通过有效的方法使学生在理解的同时能记住一部分或大部分内容。

（二）使学生初步运用新的英语材料

在学生对新的英语材料能够理解以后，还要使学生做到初步运用新材料，这样可以检查和加深学生对新材料的理解。初步运用和其他的练习比起来，是最简单的，其主要内容包括朗读、简易的替换练习、复述语法规则、回讲句子或语法的意义和举例说明单词的用法和语法规则。

对讲授新的英语材料这个环节包括的两个目的及其关系一定要正确地看待。理解是一个由浅入深、由不完善到完善的发展过程，在该过程中，理解有助于模仿、操练与应用，而反过来，模仿、操练与应用又能加深理解。知其然与知其所以然都是理解。对模仿来说，知其然是完全必要的。而对于初学英语的人，特别是年龄较小的学生,由于所学的英语知识有限,知其所以然的目标对于他们来说有时就很难做到。但经过一个阶段的模仿、操练和应用后,随着学生学习英语材料的增多,在适当的时候,在英语教师的引导下,很多学生都能够从掌握的感性材料里得出理性的认识,做到知其所以然,有助于学习效果和质量的进一步提高。因此,对于理解、模仿、操练、应用之间的关系应当辩证地看待,并根据实际需要恰当地处理它们的关系,以帮助学生理解与初步运用所学的新材料。

四、布置英语课堂外的作业

布置家庭作业是构成英语教学的第四个环节。教师在英语课堂结束前要根据教学的目的和课堂教学进行的情况,向学生布置家庭作业,以巩固和发展课堂教学的成果。家庭作业的布置可以帮助和指导学生课下学习的内容和方法,这能给学生带来很多积极作用,比如,利于充分发挥学生课后学习时间的效用,培养良好的学习习惯等。尤其是低年级学生,他们自制力和学习经验比较缺乏,布置家庭作业对他们显得更加重要。但英语教师在布置家庭作业时也不可盲目或随意,否则很容易给学生带来学习上的负担,教师需要清楚合理的家庭作业在英语教学中能起到良好的辅助作用。比如,课堂上学生在某个方面表现得弱些,可以有目的地适当布置一些相应的练习,以弥补弱点;课堂上如果口语练习做得比较多,笔头练习相对做得少,那么可以多布置一些笔头的家庭作业,以充分而有效地利用课堂教学时间,弥补笔头练习的欠缺。

这个构成环节使英语教学延续到课外,可以起到巩固和提高教学成果的作用,有时也能起到为下次课做好必要准备的效用。教师要想使课外作业达到预期的效果,应注意以下四个方面:

(1)说明作业的目的和方法,如果作业是一种比较新的形式,教师要在课堂上做示范。

（2）分量适当，不给学生增加过多的学习负担，也不能时有时无、时多时少。

（3）体现教师讲课的重点和难点，通过课外作业的练习，帮助学生进一步掌握。

（4）难度适当。

第四节　英语教学策略

一、英语教学策略概述

（一）英语教学策略的概念

策略原来是一个军事用语。《国际教育大百科全书》对策略的解释是对大规模军事行动所做的计划和指导。随着社会的发展，策略这个用语已逐渐变得普遍，渗透到工作和生活的每个领域，比如，"讲话策略""谋职策略""经商策路""教学策略"等在我们的生活中已经被经常使用。从语义学角度上说，策略包括两个方面的内容：一是根据形势发展而制定的行动方针和斗争方式；二是讲究斗争艺术，注意方式方法。

策略在教学领域中也有应用，其分为学习策略与教学策略。其中教学策略是指教学活动的顺序安排和师生间连续的实质性交流，它所采取的这些教学行为的目的是为实现课堂教学预期效果。而关于"教学策略"一词，它是在20世纪60年代以后，由美国匹兹堡大学罗伯特·格拉塞为带头人的一批认知心理学家首次使用。教学策略在教师的教学中所起的作用很重要，教师在教学过程中有自己一贯的处理问题的方法，长久下来就会形成教师的教学风格，进而影响教学效果。现代教育思想认为，教师在教学中的角色有两个：一是教学任务的执行者，二是教学活动的决策者。因而，教师要想扮演好决策者的角色就应该注重对教学方法的有效计划和合理选择，并在面临问题时能够创造性地运用教学方法，努力实现由灌输型教师向研究型教师的转型。

目前，对于英语教学策略的含义，教育界还没有形成统一的口径，现在的研究者对于英语教学策略概念的描述大概有三种，现归纳如下：

（1）英语教学策略体现一种教学思想，可以看成是一种教学观念或原则，属于教学设计的一个组成部分，其体现方式有教学方法、教学模式和教学手段等。

（2）英语教学策略是有效解决教学问题的方法、技术的操作原则及程序的知识，它所采取的一系列教学方式和行为都是围绕着一定的教学目标而进行的。

（3）英语教学策略是指教师为达到教学目标而制定的教学措施，它是教学方法、步骤及行为方式的综合，且所采用的方法等符合学生的认识规律。

以上有关英语教学策略的概念各执一词，但根据这些观点的相似点，可以对英语教学策略的概念做一个概括：英语教学策略是指教师为实现最佳的教学效益，在一定教学理念的指导下，根据自己对具体教学任务以及教学情景的理解和认识，采取能够对教学活动起调节作用的系统的行为或措施。

事实上，英语教学策略就是教师教学理念的具体化。例如，为了复习学过的动物单词，教师可以设计一项语言任务而不是单纯讲解，让学生采取的学习形式可以是小组合作，具体来说就是让一个组员用英语来描述动物特征，组内别的成员猜是什么动物。这样的教学策略充分体现的教学理念是"以学生为中心"。在制定或执行教学策略时，需要注意以下四点：

第一，英语教学策略须在教学理念的指导下才能进行，否则就会杂乱无章，达不到教学目标。

第二，英语教学策略的实施不能一蹴而就，需要有体现具体教学活动的一套独特的操作程序和步骤。

第三，英语教学策略并不是固定的，它可以根据情况来灵活多样地变动。

第四，我们知道，任何教学活动都有具体的教学目标，教学策略作为英语教学活动的组成部分也不例外。因此，教师在实施教学策略时必须对教学目标具有清晰的意识及努力意向，并在目标实现的过程中灵活运用教学方法，以期达到教学目标。

（二）英语教学策略的特点

1. 英语教学策略具有指向性

对于英语教学策略的选择不可以主观随意，要有一定的针对性，指向一定的目标。也就是说，英语教学策略指向特定的问题情境、教学内容、教学目标，并以此规定教学活动，只有在具体的条件下，在特定的范畴中，教学策略才能发挥出它的价值。一旦教学环境、教学内容等因素发生变化，教学策略也要随之做出改变。比如，在教学前即使已经考虑了可能出现的情况，而在具体的教学过程中，一些预测不到的偶然性事件还是会出现，这时教师应该能够做到随机应变，对于所选择的教学策略进行适时的改变，以确保达到教学目标。

2. 英语教学策略具有操作性

英语教学策略是基于教学目标中的具体要求而形成的。然而任何教学策略的制定和实施都要求能够操作，也就是说可以转化为教师的外部动作，最终通过外部动作来达到教学目标。否则便无法在教学活动中实施以实现其实际价值，即使制定的教学策略再有创意也没有意义。因而，英语教学策略必须具有可操作性，才能实现教学目标。

3. 英语教学策略具有调控性

教学策略不是万能公式，并不存在能适应任何情况的教学策略，它的灵活性很大，可以根据具体情况进行适当的调控。同时，元认知理论也认为主体能够根据活动的要求，选择适当的解决问题的方法，监控认知活动的进程，不断获得和分析反馈信息,及时对自己的认知过程进行调控。在教学活动中有元认知过程的参与,就使得教学策略的调控性成为可能。具体来说,就是教师能够对自身所选择的教学策略进行自觉调节,及时把握教学过程中的各种信息,如果教学过程中的某个因素发生变化,教学策略的调控性能够及时对其进行反馈和调整,从而保证教学活动的正常开展与目标的完成。

4. 英语教学策略具有层次性

教学具有不同的层次,那么适用于不同教学层次的教学策略也不同,换句话说就是教学策略也具有层次性。不同层次的教学策略的适用条件和范围不同。另外需要注意的是,相邻层次的教学策略之间是相互联系的,高一层次的策略可分解为低一层次的教学策略,并对低一层次的教学策略起着指导和规范的作用。

(三)英语教学策略的分类

弄清英语教学策略的分类,对英语教学活动有着很大的意义:一方面可以有针对性地进行教学实践,提高教学质量;另一方面通过对教学策略更系统、更深入的研究,为教学实践提供重要的理论指导。依据不同的标准,英语教学策略有着不同的分类。主要有以下四种:

1. 根据英语教学策略的特点来分

这是根据英语教学策略自身的特性来划分的,可分为普遍性策略和具体性策略。

(1)普遍性英语教学策略。

这一教学策略是指适用于听、说、读、写和翻译等各类教学内容的策略。在英语教学中,教师主要在课堂中对学生进行传道、授业和解惑,因此有效的课堂教学尤其重要,这离不开教师对课堂教学的精心组织和合理安排,以确保课堂教学能够顺利进行;教师在课堂进行的过程中要就学生对已学知识的复习情况和对新知识的接受情况进行检查,而这一目的经常通过开放性、发散性、理解性等一系列问题来达到；学生在学习过程中经常会出现问题，这时教师要采用各种方式对学生进行鼓励、引导和启发，激发他们的学习热情，使他们能够保持参加课堂活动的积极性，增强自信心；最后教师还要对学生学习中存在的问题、任务的完成情况、目标的达成度和策略的使用情况等做出评估，以指导学生更好地学习，也为自己的教学提供借鉴。根据上述对整个英语教学活动的介绍，可以总结出普遍性教学策略的内容应该包括组织策略、提问策略、激励策略和评估策略等。

（2）具体性英语教学策略。

该策略是指用于培养学生听、说、读、写和翻译等能力时所使用的具体策略。这些具体性策略将在以后的章节中分别进行详细的介绍。

2.根据英语教学过程的环节来分

根据这一划分标准，可以将英语教学策略分为教学准备策略、教学实施策略、教学监控评价策略三方面的内容。

（1）英语教学准备策略是指教师根据教学目标要求，分析教材，组织教法，分析自我和学生的具体情况，从而制订教学计划的策略。主要包括的内容有确定教学目标的策略、设计教学内容的策略、选择教学方法和媒体的策略、安排教学环境的策略等。这一策略的正确选择与有效运用是良好课堂教学的开端。

（2）英语教学实施策略是教师在教学过程进行中使用的策略，包括的内容有先行组织者策略、概念教学策略等。它是保证课堂教学完整性的一个重要策略。

（3）英语教学监控评价策略是指教师对教学全过程实行主动的计划、反馈、控制、评价和调节等采取的策略，其内容主要包括监控和评价两个方面的教学策略。它的采用可以保证课堂教学的流畅性，从而有利于达到预期的教学目标。

3.根据构成英语教学活动的主要因素来分

根据构成教学活动的主要因素这一标准，可以将教学策略分为方法型策略、任务型策略、内容型策略和方式型策略四类。

（1）方法型策略主要是针对教学方法这一因素来制定的，可以把它具体分为讲授性策略和发现性策略。

（2）任务型策略主要是针对英语教学中的任务而言的，可以把它细分为讲解性策略、练习性策略、综合训练性策略和问题定向性策略等。

（3）内容型策略是针对教学内容这一因素的，根据其策略的内容，可以把它分为直线式策略、分支并行式策略、综合式策略和循环式策略。

（4）方式型策略针对教学中师生活动的方式，也就是在课堂中教师和学生的活动方式主要是以谁为中心，因此可以把这一策略分为教师中心策略和学生中心策略。

4.根据改进英语教学效果的途径来分

根据改进教学效果的途径这一标准，有学者将英语教学策略分为两类，即指导策略和管理策略。

（1）指导策略主要是对学生的学习活动进行适度的指导所采取的策略，包括给予明确的指导和解释，引导课堂活动和讲解家庭作业，给学生足够的机会或时间接受反馈和复习先前的知识。这一策略的选用能够给学生的学习效果带来直接的影响。

（2）管理策略是指教师通过对课堂教学的适当组织、安排，使学生形成良好课堂行为习惯的策略。

（四）制定英语教学策略的依据

英语教学策略的实施包括内容的安排、教学过程的实施、教学方法的运用以及教学组织形式的选择等，这些多重因素决定了教学策略具有复杂多变的特性。因此，在制定教学策略时，就要对这些因素进行充分的考虑，并且还要在此基础上保证教学策略的有效性，以确保教学目标的实现。综合教学过程中的教学目标、教学对象、教学者等方面的因素，我们可以总结出制定英语教学策略的基本依据，下面对其进行详细的介绍。

1. 英语学习者的认知水平

现代教学观认为应重视学生学习的主体作用，可见学习者在英语教学中的地位逐渐凸显。学习者的认知水平主要是指学习者的学习风格、现有的知识技能水平、兴趣爱好等。这一因素决定着英语教学的起点，是制定教学策略的基础，因此英语教学策略要适应学生的基础条件和个性特征。那么制定教学策略时就要考虑学生对某种策略在智力、能力、学习态度、班级学习氛围等很多方面的准备或接受水平，保证所采用的策略能够调动学生积极的学习兴趣和态度。例如，在教英语单词时，把游戏引入课堂，这种方式在低年级学生中很受欢迎，是一种不错的教学策略。而如果忽视学习者的认知水平，那么所制定的教学策略往往会因缺乏针对性，而不能产生好的效果。

2. 英语教师自身的能力

英语教学策略由教师来执行，因而可以说教学策略制定的主观因素主要在于教师。教师在制定教学策略时要考虑自身的能力，例如，教学风格、教学经验、心理素质水平以及性格等，这些都是影响教师教学能力的因素。通常教师在制定教学策略时，都倾向于选择与其教学思想、教学风格、知识经验、心理特征相一致的教学策略。这样使得他们能够对所选用的教学策略进行灵活的运用，否则就可能适得其反，收不到预期的效果。例如，让一个安静内向的教师去效仿和设计适合热情奔放教师的教学策略，这样做的结果不仅达不到教学目标，还可能会造成教师不知道该如何授课的困境，影响其能力的发挥。因此，教师在制定教学策略时，应努力发挥其主观能动性，同时克服自身能力中的不利因素，尽量做到扬长避短，才能在英语教学中有效地运用策略。经验丰富的教师，能够根据各种具体的教学环境及学习者的需要，制定相应的教学策略，能够把握好策略的调控等特性。但对于新教师而言，在起初他们需要更多地借鉴老教师的经验，然而借鉴不是简单的模仿。新教师在借鉴经验的过程中，要能够在所学经验及教学理论的基础上进行理性的思考，在教学中实现教学内容与个性的有机结合，逐渐形成一套适合自己的教学策略，从而促进教学的有效开展。

3. 英语教学内容

不同类型课堂的教材所采用的教学策略也不同，即便是同样的课堂类型，教学策略也会因具体内容的不同而有所变动。例如，在英语听说课中，教师通常会采取让学生分角色朗读的策略，这样可以起到以下作用：一是利于使学生在表演中理解词、句的意思，二是利于培养学生的口语表达能力。但是在翻译课上，这样的策略并不利于其课堂内容的进行，因此一般不会使用。可见，某种教学策略对于某种课型是有效的，但对另外的课型所产生的效果可能不会那么令人满意。

4. 英语教学目标

不同的教学目标与教学任务需要不同的教学策略来完成，而不是采取固定或习惯的策略来进行。比如，英语教学的初级目标是提高学习者对英语课程的兴趣和信心，因此在制定教学策略时应注重趣味性和实用性，以促进目标的完成。但教学目标也不是一成不变的，它会随着教学的深入和学生知识水平的提高而发生改变，在这时，教学目标可能更侧重于知识内在的逻辑联系以及知识技能的迁移。教师应该根据已发生变动的教学目标给学生布置有一定难度的任务，激活他们的思维，培养他们自主探究的意识和能力，从而促进他们更深入、自主地学习英语。

5. 英语教学环境

任何教学活动的开展都离不开教学环境，英语教学也不例外。教学环境包括的内容主要分为两部分：有形的物质环境和无形的心理环境。例如，教学设施、校风校纪、学习氛围以及周边环境等都属于教学环境的组成部分。在教学策略的实施过程中，影响比较大的是学校的教学设施。例如，英语听力课采用多媒体教学,良好的听力教室、多媒体设备等有利于学生听力的提高。如果学校的教学设备落后,只是用录音机放磁带的方式进行听力方面的授课,那么教学效果肯定不如人意,并且教师在制定教学策略时也会在很大程度上受到影响。

二、英语教学策略设计与分析

(一)英语教学准备策略

课前准备是好的教学活动的第一步,其构成要素主要有三部分:教学目标、教学主体和教学材料。在设计与施行教学准备时也应从三方面来着手,即分析教学目标,其包括目标关键词化、目标行为化和目标演绎三个内容;分析教学主体策略,其包括的内容主要有两个:一是对教师自身状态的分析,二是对学生认知水平的分析;分析教学材料策略,其包括的内容有教学材料组织的结构化、教学材料选择的生活化和教学材料传递的情境化等。下面,我们将对这三个组成部分的内容进行详细的阐述。

1. 分析英语教学目标策略

传统教学理论认为教学目标有狭义和广义之分。狭义的教学目标与学校和课堂联系紧密,它是学校根据国家教育目的及学生生理、心理和知识的发展水平等实际情况而制订的教学计划。广义的教学目标是教育的目的或计划,因为它是把社会的需要转换成教育的要求,因此其所涵盖的内容范围比较广。为了达到英语教学目标,下面将围绕教学目标策略进行探讨。

(1)英语教学目标关键词化。

这一教学目标策略是指教师在制定某一学科的课时目标时,用明确、具体、有针对性的关键词来表述,从而使得目标具有可操作性、可检验性,促进教学目标的实现。课堂水平的教学目标分为认知、情感和动作技能三方面,它们在英语教学中构成一个完整的体系。三种教学目标是按照由简单到高级的分类来对目标水平进行描述的，前一种水平的技巧是后一种水平技巧的基础。教师在制定教学策略时，应把教学目标的分类作为一个整体来考虑，这对发展教育目标、归类、分组目标的设置都起着重要的作用。如何区分相邻分类的关键词是运用该策略最大的困难，特别是教学目标没有被清楚地陈述时，更是难上加难。为了解决这个问题，教师应积极参加年级集体备课工作，在这个过程中分享各自的观点。

（2）英语教学目标行为化。

美国俄亥俄州立大学的泰勒教授于1934年首次提出行为目标的概念。随后，马杰于1962年提出行为目标应由行为、条件、流畅水平或标准三部分组成。教师在目标行为化的过程中，应注意三方面的内容：首先是教师应该对学生将要做的内容进行明确；其次是教师应该描述在什么条件下，学生行为将发生什么变化；最后就是教师应对期望学生达到的行为标准或成就水平进行规定。这三个内容是教师在执行该策略时容易把握不好的，因此需要给予关注。教学目标行为化的观点引起了较大的争论，马杰和一些学者认为，目标行为化明确了教师的目标，并对学生在教学中该做什么进行指导，为检验学习的结果提供了一种系统化的方法。而欧文斯登和亨肯斯认为，目标行为化的目标量太多，程序比较烦琐，并且在执行中可能引导教师集中在低水平的认知和技能目标的层面上，从而不利于促进学生对知识的理解和全面学习。虽然对这一观点的争论众多，但从教学目标指导、测量和评价的功能来看，目标行为化的优点还是毋庸置疑的。对其归纳下来，大致可以分为以下三点：①当目标行为化后，教师能根据其内容设计出更合适的教学方案以满足学生的需要。而学生也能通过这一策略对其将要完成的学习任务有一个清楚的了解，从而更有效地利用时间，提高学习英语的效率。②目标行为化在某种程度上为教育规定了统一的标准，在此基础上，教师、学生、教育管理者和学生家长之间可以进行有效的沟通和交流，可以说它为人们提供了可以共同讨论的理论框架。③好的学习目标实际上已经把学习结果的检测方式和评价标准蕴含在内，行为目标只要稍做变化，即可作为测验题。可见，目标行为化可以使测量变得更简单，从而利于教学反馈与行为的调整。

通过教师的实践证明，行为目标有着明显的优点，但也有其局限性。这一局限性主要表现在两个方面：一是目标行为化比较适合于低级水平的教学目标的陈述，而较高级的认知目标尤其是情感领域的目标，很难从某个单一的行为中表现出来；二是如果教师太拘泥于这一行为目标，就会产生只看表面而不深究心理变化的现象，这样下来会使教学误入歧途。而且有些教师由于长期受传统陈述目标的影响，对行为目标应用起来普遍感到困难，对于他们来说，目标一旦行为化，反而不易理解已经列出的行为蕴含着什么样的心理变化了。由此看来，并不是所有的教师都能够运用好这一策略，如果有的教师想把目标行为化策略应用在自己的英语教学之中，必须具备三个基本条件：①进行系统的认知心理学理论和行为心理学理论的学习，还要进行必要的应用技术方面的训练；②掌握目标行为化策略的操作要求；③树立在教学准备时自觉运用该策略的意识。只有满足这三个条件，教师才可能有效地运用这一策略。

（3）英语教学目标演绎。

在目标行为化策略中，所制定的行为目标都是非常具体的，可以观测、操作。但是，在执行的过程中，部分教师很可能对行为背后隐含的真正的教学目标意识不到，这就会产生把英语教学局限于表面行为的现象，从而达不到真正的教学效果。针对这一缺陷，格朗伦德采用描述内在心理和外显行为相结合的目标演绎来对教学目标进行陈述。具体来说，目标演绎指教学目标是从一般教学目标到一系列特殊的学习结果，每一特殊结果又与一般目标相联系。归纳下来，目标演绎有以下特点：

①目标演绎的目的是引导教师关注学生的行为变化，它是对学习者的学习行为结果进行的陈述，而不是针对教师的教学行为。

②目标演绎比较适合在陈述情感领域的教学目标时使用。因为情感领域的目标很多时候很难用具体的行为来体现，甚至有时行为的变化并不能说明情感得到了一定的发展，因此教师想要把握学生心理变化的实质，需借助一定的方法，而目标演绎是不错的选择。

③目标演绎没有提供行为产生的条件和相应的作业标准或者评价准则。格朗伦德认为，行为产生的条件和作业标准太具体化，容易限制教师在教学过程中的灵活性。

根据上述特点，在我国的中小学教育中，格朗伦德的教学目标陈述方式更容易被接受。

2. 分析英语教学主体策略

教学的主体主要是教师和学生。因此，教师在课前准备时首先要充分考虑自己的认知风格和自我的监控能力。认知风格是指个体在信息加工和完成认知任务过程中个体特征的具体表现，也是一个人的稳定风格在认知活动领域中的具体体现，其中这种稳定风格是在感知、记忆和思维过程中所具有的。威特金把个体的认知风格划分为两类：一是场依存型，这类人对客观事物的知觉往往以外在参照作为依据，态度和意向比较不稳定，容易受到环境的影响；二是场独立型，这类人在认知活动中更多的是利用自己的内在参照来对信息进行理解和判断，很少受到环境因素的影响。教师在英语课前准备的时候，应该对自己的认知风格加以分析，对其有一个整体性的认识。

作为教师，除了要充分考虑自己的认知风格外，还应加强自我监控能力的分析与认识。教师对教学的自我监控能力主要是指在教学活动之前要结合个人的风格、特点和经验，分析所面临的教学任务和教学环境中的教材、教学时间、教学条件等有关因素，在此基础上确定教学目标，然后根据这一特定的目标对教学步骤进行安排，对教学策略进行选用，预先构想设计出解决突出重点、突破难点等各种问题的可能方法,并对其可能产生的有效性进行预估,以为在未来的具体教学活动实施期间监控教学进程,反馈、维持或者调整教学行为做准备。

另外,教师在英语教学中还应注重对学生状态的分析,对学生的起点能力、认知发展水平及风格有一个正确、全面的认识。比如,确定学生是独立型还是依存型,是整体性思维还是系列性思维等,这些都是教师课前准备的参考资料,将其都考虑进去,有利于教学的实施与完成。

3.分析英语教学材料策略

教学材料是英语教学内容的各种载体。所选择的教学材料一定要符合学生的实际水平,下面介绍三种教学材料选择的方法,以供参考。

(1)英语教学材料的组织要具有结构性。

英语作为一门课程有着自己的结构,它内部系统的主要素之间有着相对稳定的组织方式或联结方式。那么教学材料的组织也要具有一定的结构才能满足课程的需要。教学材料的结构方式有螺旋式组织、累积式的层级组织、渐进分化与综合贯通式组织等。如果教师在组织教学材料时能够保证其结构性,就有利于学生对知识的掌握、迁移和回忆,否则可能造成学生对知识理解与掌握的混乱。

(2)英语教学材料的选择要与生活结合。

教师在选定教学内容时,要将教的内容与现实生活结合起来,把学生学习的知识与他们周围的现实生活联系起来。采取这样的方式对英语教学能带来很多好处,比如,容易激起学生学习英语的兴趣,利于学生对知识的理解和吸收等。

(3)英语教学材料的传递要情境化。

教师可以利用各种情境来更有效地实现教学目的。这里的情境主要包括现实情境和创设情境两个方面。如果教师没有现实情境可以利用,这时就可以通过各种手段来创设情境。如借助教学媒体创设生活情境、问题情境、新奇的情境等,这样即使学生没有现实生活可以联系,也可以把他们带入一个特定的氛围,使学生不仅能产生浓厚的学习兴趣，更可以调动他们参与问题解决的积极性。总之，教师通过创设各种各样的情境，并使这些情境适合问题和教学实际需要，能更有效地利用教学材料，达到最佳的教学效果。

（二）英语教学组织策略

1.英语教学形式组织策略

在现代教育中，教学组织一般分为班级教学、小组教学和个人学习三种基本形式。班级教学是教师向一个班级的学生传递教学信息的教学组织形式，这种形式最为普遍；小组教学是教师在教学中组织班级内的学生形成不同的小组，鼓励并引导他们传递和分享教学信息的教学组织形式；个人学习是教师指导学生个人根据自己的选择，接受和获得教学信息的教学组织形式，教师在其中扮演的是引导者的角色。在以上三种形式中，个人学习是人类历史上最早出现、最本质的学习形式。在人类社会分工之前，人类都是以手口相传的形式来学习的。随着人类的社会化分工，教学逐渐强调规模效益，班级应这一需求就开始出现了。在班级教学中，教师会根据不同的学习风格、学习基础等，把学生分成若干小组进行教学，以便能够在一个班级中统一授课。在英语教学中，依据不同的教学内容、学生的基本情况等，我们所采取的形式也各有不同。比如，我们讲解课文或说明语法内容时，通常采用的方式是班级授课；在组织任务实施时，我们通常会将学生分成小组，便于信息共享；而对于需要记忆、背诵的内容的学习，我们自然是鼓励学生自己通过个人的努力去完成。当然，在教学中，我们应该根据需要，最大限度地使用不同的教学形式。以小组教学为例，按照原则，我们应该尽可能根据教学目标，将学生分成小组来进行。但分组时并没有统一的标准，若任务需要不同能力学生的配合才能完成，我们就应该根据学生的能力水平，把不同能力的学生分在同一小组；若任务需要同一能力水平的学生才能完成，就应该根据学生水平把相同能力的学生分为一组。

另外，教学的这三种组织形式有着各自的优缺点，适合使用的条件和对象也不同。因此，在具体的教学中，我们通常不会只采取某一种组织形式，而是根据具体情况，结合使用三种不同的组织形式。

2. 英语课外活动组织策略

我国的英语学习是在汉语环境下进行的，因为没有语境，往往缺乏真实性，而且在教学中还存在英语学习时间不足的问题。那么，课外的英语语言学习活动，如自行看英文电影、看英文电视节目、阅读英文小说、用英语写电子邮件或者直接与英语本族语者交谈等，可以说是实现英语教学目标的必要的补充性教学活动。通过组织丰富多彩的课外活动，学习者能对所学的语言知识和技能有一个深刻的理解，如果长久进行，利于增强学生将所学知识和技能加以应用的自觉意识，逐渐培养英语交际能力。组织英语课外活动的策略中，有以下三个问题需要注意：

（1）教师在组织课外活动的过程中应起引导的作用。例如，学生想要在课外阅读英文小说，教师只需向学习者推荐即可。当然，教师在课外活动组织过程中不可干预过多，否则就会对学习者的积极性造成一定程度的打击。

（2）课外活动组织分为大型的课外活动和小型的课外活动两种，在英语教学中具体采用哪种类型要视情况而定。一般来说，戏剧表演是可以定期开展的大型的课外活动之一，可用来巩固和评价所学语言知识和技能。这类课外活动具有创造性的特点，对发挥学习者的主观能动性非常有利，同时还能促进学习者之间的团结与合作。英语角、英语歌曲比赛、英语报刊或手抄报等带有综合性的特点，这类实践活动也属于大型的课外活动，它们为学习者运用所学语言知识和技能提供了很好的机会，而且在组织实践中，学习者相互合作，有利于培养集体荣誉感。需要注意的是，这类大型的带有综合性特点的实践项目在开展前应该做好充分的准备工作，一般来说，一个主题明确的活动方案、相应的图示和文字说明是必要的。

在教学中经常性的课外活动多是小型活动，其通常指由学习者一个人或一组开展的活动。例如，学习者用英语写日记，有条件的可以建立自己的英语博客；学唱英语歌曲和歌谣，这类活动是练习语法结构、语音规则、词汇和句子韵律等所学内容的有效方式；教师在教学中引导学习者参与游戏，也可以在呈现或练习所学语言知识时经常采用讲故事的方式，这样能够非常明显地提高学习效果。这些活动有利于提高学习者使用英语的流利程度，同时还能增强学习者对所学内容记忆的效果。

（3）开展课外活动的目的是巩固已学知识和已经形成的语言技能，因而这类活动应定期开展，而且安排时间也要适当，通常的安排时间可以是期中、期末，也可以是英语节、艺术节等。值得注意的是，此时参与者在活动中是否使用英语应作为对学习者的表现或作品的重要评价标准之一。

3. 英语自主学习活动组织策略

自主学习活动强调应根据自主学习的理念为学习者创建支持性的学习环境，使学习者之间在这种环境中易于形成良好的协作关系，学会自我管理和自我评价，逐渐成为自主学习者。可见，自主学习教学过程的核心部分是为学习者创设和谐、互助、自主的环境。具体来说，就是教师向学习者提供一定的阅读材料，以学习者自主学习为主，以相互学习和教师指导为辅，最终促进学习者的知识和能力的发展与水平的提高。自主学习教学过程可以实现差异性教学，也就是说能够促使不同的人获得不同的发展，因此这种方式利于激发和增强学习者的学习兴趣，能较好地实现英语教学的情感目标。例如，每个学习者的认知风格各有不同，有的学习者喜欢独立思考，有的学习者更愿意与他人交流，这些不同的性格在英语教学中也表现为不同的学习特点。比如，对同一个问题的解决，学习者倾向于通过独立思考的途径，也有的倾向于通过学习者之间合作交流的途径等。在自主学习活动组织教学中，教师在学习途径或方式上不强求一致，鼓励学习者在这方面根据自身情况来选择，尊重并帮助学习者发展个性化学习途径和方式。

在英语自主学习活动组织的策略中,以下三点需要引起我们的注意:

(1)自主学习并非指学习者根据学习材料自学。事实上,以合作交流为特征的小组教学在自主学习教学模式中比较受提倡。通过小组教学,学习者作为学习活动的积极参与者,在与他人的积极合作过程中,一方面能够实现信息与资源的共享与整合,扩展和完善自我认知能力;另一方面合作精神和群体意识在活动中也能够得到培养。例如,教师设置问题,鼓励学习者进行主动的探索,从不同的角度以发散式的思维来探究问题中可能隐含的条件和规律,然后在组内交流各自的想法。这里需要注意的是,问题的设置应符合学习者的认知能力水平,还要具有针对性、层次性。这样,才能调动学生解决问题的积极性,逐渐培养学习者独立思考的好习惯,达到小组教学的良好效果。

(2)从学习者的全面发展要求看,教育学习者学会学习,培养学习者科学地提出问题、探索问题、创造性地解决问题的能力应是自主学习教学组织策略注重的内容。在自主学习教学过程中,教师并非旁观者,在向学习者介绍新材料或新任务、提出新问题时,教师应在学习活动的组织中扮演组织者或引导者的角色;在开展学习活动时,教师扮演合作者和促进者的角色。教师在参与学习活动的过程中,发现学习者理解问题的角度、深刻程度以及存在的问题,并适时地介入到活动中去引导学习者的讨论活动,或者肯定学习者在讨论中所持的正确的观点,以对学习者起到指导性的作用。当发现学习者在活动中遇到困难时,教师就应该成为点拨者,帮助学习者排除思考过程中的障碍,在这时,代替学习者解决问题并不是一种好的方法。同时,教师还要适时地扮演心理咨询者的角色,引导学习者学会倾听、理解、分享,鼓励学习者不断参与活动,帮助学习者树立学习英语的信心。

(3)激发学习者自主学习兴趣的动力源是思维情境。自主学习教学过程要求教师能够根据学习者的认知水平、已有的知识和学习体验等情况,设法挖掘学习者原有知识和课本内容之间的联系，并在教学中能够将课本中的结论性知识重新组织，使其成为能够得出某一结论、具有科学性特征的语言信息。通过教师这样整理的材料具有知识性、趣味性和讨论价值，贴近学习者的知识和体验，能够激发学习者的好奇心，这样使得学习者在教学中更容易入情入境，对学习活动产生浓厚的兴趣和强烈的探索欲望，也就易于促使自主学习行为的产生。

第五节　英语课程与教学研究方法

实用英语课程是为高职高专非英语专业学生开设的一门公共必修课，实行"以学生为中心，以就业为导向"的教学模式，建立"以应用为目的，实用为主，够用为度"的英语课程教学体系，旨在引导学生正确处理好语言基础知识和学以致用的关系，培养学生的学习兴趣和自主学习能力，为提升学生的就业竞争力及未来的可持续发展打下必要的基础。

一、关于教学内容

根据建构主义学习理论和语言学习的四个条件（语言的输入、学习动机、语言的使用以及教师的教授），本教程主要选自国外书刊，包括信息技术、姓名称谓、角色楷模、商业经济、人生态度、职业选择等，内容新颖，语言生动，并提供听、说、读、写译技能的基础性综合训练，注重实际应用，培养学生一定的语言运用能力。

二、关于教学方法

多种课堂教学方法的运用：坚持"教师为主导、学生为主体"，根据课程内容及特点，采用灵活多变的教学方法——教师讲授、情景教学、任务驱动、小组讨论、角色扮演、多人合作等，塑造学生的合作意识，增强主动性和参与性。

教师讲授。讲授是教师课堂教学最常运用的教学行为。教师教学讲授行为的设计技术水平制约着教师教学行为的效果和效率。灵活选择教学讲授行为方式，熟练运用教学讲授行为策略，可以优化教师教学讲授行为的设计技术，达到促进学生发展、提高教学质量的目的。

讲授式是在传统的课堂教学模式基础上逐步演化而形成的。这种模式以教师为主导。教师按照学生认识活动的规律，有计划、有目的地组织和控制教学过程。这种教学模式的特点是学生对所学内容从感知、理解到巩固都是在教师领导下进行的。教师完全控制课堂，掌握进度，可以充分发挥主导作用和正面教育的作用，有利于学生在较短的时间里系统地学习基础知识和基本技能，比较突出地体现了教学作为一种简约的认知过程的特性。讲授式最突出的教学目标是：通过教师的讲授，使学生掌握系统的基础知识和基本技能。其常用的基本程序是：激发学习动机—感知、理解知识—讲授新课—巩固运用—检查反馈。例如，在学习 Unit 6 Genetic Technology 时，学生可以在教师的讲授下逐步了解克隆技术，知道什么是克隆技术，它的优点是什么，弊端又是什么以及人们对于克隆人的巨大争议。通过教师的耐心讲解，学生对所学内容逐步理解、加深印象并掌握运用。

情景教学。所谓情景教学，即教师在教学过程中再现不同的会话场景，并通过教师本人的语言、动作、表情及姿态传递给学生，使整个教学弥漫着一种和谐、融洽、振奋、饱满的情感气氛，最终达到激发学生学习兴趣的目的。例如，在学习 Unit 2 Stories of Creation 这一课时，教师可以将不同的中外神话故事设置为会话场景，甚至可以借助多媒体增加视觉、音响效果，使学生置身于故事中，体会神话人物的喜怒哀乐并用英语思维自己演绎，提高学生的积极性。

情景教学提倡"以用为本、学以致用"，有利于学生通过视觉、听觉加深对外语的理解；有利于营造良好的语言环境，激发学生学习的兴趣，提高记忆效果和教学效率；有利于学生获得感性材料，把理论与实际联系起来；有利于调动学生用英语思维的能力和学生的非智力因素，变被动学习为主动学习。

任务驱动。课堂上采用任务型教学，模拟真实生活中的任务，任务的设计层层深入，同时多样化的任务又由课内延伸至课外，不仅可拓展学生的知识面，更可培养学生的学习兴趣，从而提高学生综合运用英语的能力。

任务型教学在课前、课中、课后都呈现任务，让学生在任务的驱动下用语言做事。这就提高了学生的学习兴趣，激发了学生主动参与的积极性，有效地改变了学生被动的学习方式。例如，在学习 Unit 4 Role Models 时，课前可以给学生布置这样的任务：要求学生搜集一些楷模应该具备的特点，并用英文表达出来。课中可以布置这样的任务：请学生简短讲述课文中的主人公具备了楷模的哪些标准。课后还可以布置这样的任务：完成短文写作"从楷模身上，我们可以学到什么？"如此进行任务设计，循序渐进，由简到繁，由易到难，前后相连，层层递进，能够培养学生的语言综合运用能力。

任务型教学模式体现了"学生为主体，任务为中心，教师为主导"的教学思想。整堂课中，教师是学生学习的促进者、信息资源的提供者、课堂教学的组织者、自主学习的设计者。

小组讨论。教师在处理教材时应注意如何使学生利用小组活动来充分预习以及在课堂中让学生发挥主体作用，让学生充分参与。学生在合作中学习更有助于提高学生学习及参与的积极性。因此，应当发挥小组功能，让学生在合作中操练。例如，在 Unit 3 Names 这一课的课前热身时，可以安排学生分小组讨论。教师给出问题"Do you think there is a connection between a person's name and his or her life? Why or why not?"之后，可以将学生分成若干小组，每组不超过 6 个学生，指定一名组长，要求保证每个组员都有机会发言。讨论结束后，请每组派代表讲述他/她的观点，最后教师点评。

小组活动是课堂活动的主要形式，也是课前预习的重要形式。高效发挥小组合作来完成任务是教师所努力、所追求的。

角色扮演。角色扮演是一个主要由学生自编、自导、自演的过程，要求学生自主参与，学生既是导演，又是演员。角色扮演的显著特点就是能体现出学生自主的言语活动，它需要有一个人作总体的安排与协调，具体指导大家相互配合。角色的具体分配也可由学生自行讨论决定。英语教学注重的是学生语言能力的培养，角色扮演为学生创造了主动参与语言实践活动的机会，让学生作为活动主体能够按照自己的愿望，在模拟"真实"情景中扮演角色用英语进行交际。这就意味着学生是角色扮演活动的主角。作为演员的他们，其责任、义务和行为要求都被重新分配。学生自主地对课文中的角色进行重新设计、包装或结合单元主题创造出新的角色，经过小组成员的共同讨论、设计、分配角色、台词准备等一系列策划后，在全班同学面前登台表演，在实际运用中学习语言知识，培养运用英语的能力。

例如，在 Unit 10 Harry Potter 这一课中，教师可以请学生来扮演课文中的角色。谁演哈利，谁演达德利，甚至谁演蛇，都由学生讨论决定。确定好角色之后，由学生对课文中的故事进行编排，教师可以适当帮助学生寻找一些服装道具以求更接近人物要求，最后由学生进行表演。演完之后，教师与学生共同进行点评。教师也可以准备一些小礼物作为奖品以鼓励学生的辛苦付出。

多人合作。各小组成员共同合作，完成 team work、interview 或 tasks。合作学习并不是指学生整堂课都在讨论合作，但有效的合作学习也要给学生充足的讨论时间。因此，要在短短的课堂 40 分钟内组织好合作学习，就要求教师一定要科学选题，明确合作内容，确保合作的有效性。

合作学习的内容可以是一些具有开放性、探索性的问题。如在讲 Unit 1 The Information Age 这一单元时，通过开放性问题"What can we do on the Internet?"

引发学生的讨论并总结"在网上我们能干些什么"。但交流前要让学生独立思考，形成自己的想法，别人发表意见时要尊重对方，注意倾听，也要敢于质疑、敢于争辩。老师要注意让学生在合作中互相理解、尊重、互助，使各个层次的学生都能得到相应的发展。

教师也可选择一些通过合作能互相帮助、互相促进、取长补短的问题。例如，写作是英语教学中的一个难点，学生需要教师的点拨才能提高写作水平。但教师又不能每次都逐个指导，这个时候合作学习就十分必要了。通过同学间合作点评和互相帮助，学生容易接受且印象深刻。教师可把全班分成若干小组，学生相互合作完成一篇文章；也可每个人完成一篇文章互相点评，取长补短，基础好的同学带动基础稍差的同学一同进步，从而在主动愉快的教学中迅速提高自己的写作水平。

实践教学的改革和建设是一个体现高职教育规律、不断适应和满足社会和教学需求的过程，需要不断地创新实践。只有建立科学合理的实践教学体系和实践教学规范，并在实践的基础上不断优化和完善，才能满足社会对专业人才能力素质的要求，发挥实践教学在应用型人才培养方面的重要作用。

第二章 现代英语教学模式

第一节 自主合作探究大学英语教学模式

为了提高学生学习的主动性与自觉性，以教为中心到以学为中心的教学理念悄然出现。自20世纪90年代以来，"以学生为中心"的教育理念在我国部分高校开始流行，大学外语教学受到影响。《大学英语教学课程要求》（2017年版）指出大学英语教学可采用任务式、合作式、探究式等教学方法，使教学活动实现由"教"向"学"的转变，形成以教师引导和启发、学生积极主动参与为主要特征的教学常态。大学英语教学改革目标之一是培养大学生自主学习英语能力、与同伴有效合作学习英语能力及根据任务探究问题的学习能力，由此自主合作探究型教学模式应运而生。早在20世纪七八十年代，西方国家就把"自主、合作、探究式"作为有效教学的一部分被专家和学者们分而论之。在国内，自2001年《基础教育课程改革纲要（试行）》实施，陆续有学者关注"自主、合作、探究"模式。庞维国认为，将自主、合作、探究式三种学习方式搭配互补，可以充分发挥优势，促进学生的全面发展。

一、自主合作探究教学模式在大学英语教学中的实证研究

笔者就自主合作探究模式在大学英语教学中的应用进行了为期一学期的实践教学，并通过问卷调查与访谈形式调查自主合作探究教学模式对大学英语教学

的影响。实验班和对照班是专业一样、英语水平相当的两个教学班,两个班每周均两次英语课,共12周,共计48学时。在教学过程中对实验班采用自主合作探究教学模式;对照班采取传统英语教学模式,即主要由老师讲授,学生听讲并做笔记。

笔者采用相同的调查问卷对被试进行前测与后测,前测调查被试(对照班和实验班)运用自主、合作、探究式模式的现状,后测检测实验教学后被试(实验班)对自主、合作、探究式教学模式运用是否发生变化。收集实验班与对照班实践教学前后的英语成绩,前测的测试成绩是被试在参与实验教学前一个学期的英语期末考试成绩,后测的测试成绩是经过一个学期实验教学后的英语期末考试成绩。在实施自主、合作、探究式教学模式后,对实验班的部分学生进行采访,主要了解他们对于自主、合作、探究式教学模式的感受,以及能否接受这种教学模式。共采访9位学生,其中3名英语水平优秀者、3名英语水平中等生和3名英语水平较低的学生。

问卷调查数据研究结果表明在自主合作探究教学模式下实验班学生自主、合作、探究英语学习能力均得到一定程度的提高,对照班变化不大。实验班大部分能根据老师布置的任务和资料自主学习,并充分运用老师提供的材料。更多学生喜欢参与合作学习,因为主动有效地参与合作学习,上课气氛活跃不少,学到的内容和知识更丰富,学生认为比传统课堂收获更大。实验班学生大都愿意用探究方式探索出问题答案,在任课教师的指导下,学生能够多渠道、多样化地探索出答案,进一步增强学生英语学习的动机和主动思考探索问题的能力。通过对对照班和实验班实验后英语成绩进行独立样本检验,结果表明,经过一学期的实验教学,实验班学生自主合作探究学习能力均得到提高且学习英语主动性有所提高。在这种新教学模式下,学生会更注重学习方法和学习效率,且对英语学习有更浓厚的兴趣和更强的学习动机,有利于提高英语学习的积极性和英语成绩。

当然也存在一些问题，如在对学生访谈中发现：英语水平相对差的学生反映很难有效地进行自主学习，有时老师提供的资料过多以至于不知道如何选择，耗时太长。课堂合作活动中，有些学生只是被动接受任务，甚至有些学生在其他同学合作探究时利用一切机会闲聊，并没有完成合作任务。在探究学习中部分学生提到不想自己动脑，不会独立思考，认为探究不出有价值的知识，只会照抄照搬课本，探究对他们来说意义不大。

二、影响自主合作探究大学英语教学模式实施的因素

研究表明，自主合作探究模式能够有效促进英语教学，但在自主合作探究型课堂教学模式实施过程中存在一些问题。笔者从环境、教师与学生三方面探析影响自主合作探究教学模式有效实施的因素。

（一）环境因素

影响外语学习的环境因素包括物理环境、社会环境与课堂环境等。物理环境是指与教学相关的物质条件，随着信息技术的高速发展及在教育领域的推进，多媒体教学、数字化教学、互联网＋教学等为外语教学带来极大的便利，大数据为外语教学提供了丰富多彩的音频、视频等资源，为外语教学创设了语言情境。但是，要从众多网络资源中挑选最合适、最优的资源给学生自主学习是一大挑战，同时网络资源丰富但高质量的资源并不多见，有些资源内容与主题不同却采用了相同的教学设计，缺乏灵活性，难以因材施教。社会环境是指与他人之间的关系，外语学习的社会环境包括整个社会环境对外语学习的重视与支持、父母的支持、同伴的支持及教师的支持。虽然英语学习在我国受重视程度不断提高，英语广播、英语网络资源、英语电视节目不断增加，但是一走出英语课堂，学生日常交流基本用中文，很少用英语，缺乏英语学习与交流的生态情境。英语课堂能为学生营

造良好的英语学习环境,但部分学生只是为了应付四六级、课程期末考试等,在课堂上只是被动地听听课、做做题,很难真正参与到自主合作探究的教学模式中。

(二) 教师因素

在自主合作探究大学英语教学模式实施中,教师作为组织者和实施者影响教学模式的有效实施。课前给学生相关资料与问题引导学生自主学习,课堂上通过合作学习模式,培养学生的英语探究学习能力。因此,问题是自主合作探究的核心,怎样设计问题及设计什么问题对自主合作探究模式的有效实施至关重要,教师往往未能正确把握问题的预设导致自主合作探究教学模式大打折扣。在课堂的合作与探究环节,虽然确实开展组织了合作与探究,但有时担心教学任务无法完成,学生合作探究的时间非常有限,有些小组成员还未表达自己的观点就被叫停了,学生的英语口语未能得到很好的训练。教师对学生合作探究学习的点评与评价,有时因为自身知识储备不充足或未能驾驭好课堂,对学生合作与探究的任务完成情况及效果只能避重就轻,未能做出合理科学的评价。

(三) 学生因素

作为参与者和主体,学生在自主合作探究大学英语教学模式实施过程中起着举足轻重的作用,但在自主、合作、探究等环节未能按要求完成任务,导致新型教学模式未能达到预期的效果。自主学习是有效合作与探究的前提与基础,但学生尤其是自觉性较差的学生未能完成预习任务,未能达到合作与探究的预期效果。在课堂合作学习过程中,部分学生未能实际参与合作与探究,更有甚者抓住一切机会闲聊,合作学习本意是促进优等生与后进生之间互帮互助,实现双赢,实际课堂合作探究活动效果却不尽如人意,合作探究的意义与价值难以实现。

诸如语言学习动机、学习信念、自我学习效能感等认知因素会影响学习者外语学习方式的选择与效果。Bandura指出环境因素会通过影响个体认知系统,从而对个体行为产生影响,因此外语学习的环境会通过学习者的认知系统影响外语学习方式的选择及效果。如学习动机强的学生有明确的外语学习目标,在外语学习中会尽一切努力实现目标,对于新型教学模式也能很好地适应和参与。与此相反,外语学习动机弱的学习者不管运用什么样的教学模式,参与积极性都很难提高,顺利完成老师布置的任务更无从谈起。

三、自主合作探究大学英语教学模式的应对策略

(一)教师角度

首先,为自主合作探究大学英语教学模式有效实施,教师要做好充分的课前准备。古人云:"凡事预则立,不预则废。"大量实践教学表明教师备课充分与否和课堂教学效果呈正比,唯有充分的课前准备才能达到预定的教学效果。其次,教师要充分发挥在自主合作探究课堂教学模式过程中的主导作用。自主合作探究型课堂教学模式不是让学生"放羊式"的学习模式,相反这种模式对教师的能力提出了更高层次的要求。教师要吃透文本,明确教学目标,掌握学情,对课堂的掌控要驾轻就熟。教师要清楚了解学生思考探索问题时可能遇到的困惑与问题,这就要求教师在课堂教学和课堂管理的过程中准确把握学情。教师还需要不断提高业务水平,掌握足够的知识储备量,只有这样才能实现有效的引导。再次,教师要建立科学合理的外语教学评价机制。自主合作探究大学英语教学模式的评价方式可以结合形成性评价与终结性评价,既不能忽视学生学习的过程和发展,又要关注学生掌握知识和技能的提升程度,不仅仅通过学生的最终成绩评定学生学习情况,还要考虑学生平时参与自主合作探究模式的积极性与效果,使学生的自主学习、合作探究能力得到真正的提高。最后,教师要做好教学反思,提高修养。教学是一项需要理论与实践相结合的任务,一种新型教学模式的实施只有在遇到困难时不断反思与实践,教师才能获知该模式是否适合教改与时代要求,才能实现自我价值。教师还要提高自身修养。"身为世范,为人师表",教师的一言一

行都会影响学生对教师的评价,影响学生对教师所教课程的学习态度与课堂参与积极性。

(二)学生角度

学生首先应重视培养自主学习能力。只有按照老师的要求自主学习材料,学生才有信心与能力积极参与并完成课堂合作与探究任务,合作与探究学习才能落到实处。其次,主动参与课堂合作活动,积极探究问题。大学英语教学改革提出学生是课堂的主体,由此学生应积极主动参与课堂合作活动,并完成给定的任务,避免"搭顺风车"现象。当然,在训练口语运用能力的同时,也要善于倾听,倾听组员与老师的表达与想法。只有实实在在地参与合作学习,学生才能体会到合作的乐趣与探究问题的成就感,提高合作、探究、沟通能力。最后,学生应提高外语学习动机、学习信念、自我学习效能感等个体认知因素,合理选择、优化适合的外语学习策略,从被动学习英语逐渐变成主动愿意学习英语。

自主合作探究模式能有效促进大学英语教学,激发学生学习英语的动机和兴趣,但在具体实施过程中存在一定的问题。在自主合作探究模式下,有些学生表面上积极展开讨论、合作与探究,但却在学生的讨论掩护下抓住一切机会闲聊,英语课堂合作探究学习继而为学生违反纪律创造机会。构建有效的自主合作探究教学模式绝非一朝一夕所能达到的,只有社会、教师与学生不断努力和相互配合,寻找出科学合理的应对策略,才能有效培养学生的自主、合作、探究等外语学习能力。

第二节 成果导向教育视阈下大学英语教学模式

随着经济全球化和信息化时代的到来,世界各国的交往日益密切,而英语作为全社会的通用语,在国际交流间发挥的重要作用,使得越来越多的人开始注重英语的学习。当前我们正处于信息快速更新的时代,为了适应时代要求,我们必须不断创新,英语教育也不例外。成果导向教育是工程教育专业认证的三大基本理念之一,它以"人人都能学会"为前提,以学生为中心、成果为导向而设计教学。运用该教学理念模式指导我国大学英语教学改革有着积极的意义。

一、大学英语教学模式现状

目前我国大学英语教学模式的一大特点是"教大于学",教师主导英语课堂,学生被动地学习知识。这种教学模式没有考虑学生的实际需求,忽视了学生的主体地位。我国当前大学英语教学主要有以下特点:(1)以学习语言知识为主。在大学英语教学中,教师在语言表达形式的讲解与练习上投入大量时间,对学生口语表达能力却有所忽视。这种教学模式下,虽然学生形成了较为扎实的语言基础,但是却无法将这些知识应用于实际的口语表达以及书面写作,有的学生甚至无法用英语进行简单的对话交流。(2)忽视学生主体作用。长期以来,大学英语教学主要是:教师认真备课、讲课,课后对学生的英语作业进行批改;学生在课堂上被动地接受英语语言知识;课后完成教师要求的作业。课堂教学由教师主导,而作为学习主体的学生却没有得到应有的重视,这导致了"哑巴英语"这一现象的普遍存在。(3)教师统一教学。在应试教育背景下,教师在课堂上进行单向的、统一的知识灌输。教师引导学生朗读英语词汇,分析文章结构,并对其中的语法知识进行讲解,课后布置作业。这种基于行为主义的教学模式使教师无法动态监测学生学习过程,对学生英语知识的实际掌握情况并不了解,容易忽视学生的个体差异,造成学生英语成绩以及英语水平参差不齐的现象。[①](4)以成绩作为评价标准。传统的大学英语教学主要以学生的期末考试成绩和平时考核成绩为标准来评价教师教学质量和学生个体。学生英语成绩这单一的评价标准没有

---

① 李建萍.分级教学背景下大学生英语词汇学习策略的调查和分析[J].黄山学院学报,2009(8):99.

充分考虑学生个体的实际差异,也无法准确评估学生的实际运用能力,不利于培养学生学习英语的自信心和热情。成果导向教育强调提前预期学生的学习成果、目标达成方式以及个性化的评价。因此,在一定程度上可以弥补传统大学英语教学的不足。

二、成果导向教育教学

成果导向教育关注四个问题:(1)学生在教学过程结束后应达成什么学习目标?(2)学生为什么要达成这些学习目标?(3)如何有效地帮助学生达成这些学习目标?(4)如何判断学生是否达成了这些学习目标?它"清晰地聚焦在组织教育系统,使之围绕确保学生获得在未来生活中取得实质性成功的经验",这就从本质上将其与传统的应试教育区别开来。

基于成果导向教育理念的教学,教学课程与教学活动要以学生在毕业时应达成的预期产出能力指标为导向来进行设计,以此确保学生毕业后获得"未来走向成功的经验"。因此,教学设计和教学实施所要达成的目标是学生在学习过程结束后所取得的学习成果。这就要求教师在开展教学活动时要以学生为中心,从学生应取得的成果出发,明确学生要学到的是什么;教师要设计真实有效、学生可达成的评估任务,同时确保所做出的评价能帮助学生发现其不足之处。在成果导向教学模式中,课堂教学不再由教师主导,而是一种师生共同参与、相互交流的教学活动。学生在接受知识的同时,通过与教师的对话交流主动构建知识体系。同样,教师在教授知识时也能通过课堂实践不断学习新的教学技巧,提高教学技能,师生之间既相互依赖,又相互促进。这就要求教学紧紧围绕成果导向,打破传统教学模式中学生一味被动地接受知识的现状,在师生之间形成一个双元平衡体系。

成果导向教学模式在传统的"教师主导""知识体系导向"范式教学基础上

进行突破，强调"以学生为中心""重视学生的主体地位"，实现教学由"内容为本"向"学生为本"的根本转变。近些年，国内外众多专家、学者尝试用成果导向教育理念指导教学模式和课堂教学改革，但在具体的英语学科教育方面研究较少。

三、成果导向教育理念下大学英语教学模式构想

《国家中长期教育改革和发展规划纲要（2010—2020年）》明确指出，高等教育应该培养"具有国际视野、通晓国际规则、能够参与国际事务和国际竞争的国际化人才"。而我国当前的大学英语教学主要以学生通过大学英语四六级考试为目标，这种基于英语语言基础知识的教学致使很多学生并未具有英语的实际运用能力，偏离了国家高等教育的人才培养目标。基于此，拟构建以成果导向教育理念为指导，以培养学生英语综合能力为目标，关注学生主体地位，实施动态教学和以能力评估为主体的大学英语教学模式。

（一）教学模式分析

1. 注重培养综合能力

与传统的大学英语教学模式不同，成果导向教育理念下的大学英语教学以学生毕业时应取得的学习成果——英语综合能力为目标，关注学生的英语语言知识、英语综合技能和跨文化交际能力。在该教学模式中，教师从学生的英语表达形式和功能两方面设计教学，引导学生主动学习英语语言知识；同时在教学过程中搭建相关主题情境，锻炼学生听、说、读、写、译五项技能，全面提升学生的英语综合能力。

2. 重视学生主体地位

从学生的预期英语学习成果以及学生未来的职业需求出发逆向设计教学，明确学生应学习什么英语知识与能力、怎样去实践这些英语知识与能力。从学生的

内外部需求出发,积极创设学生参与式的英语课堂,根据学生参与英语学习活动程度适时调整学习内容,使他们在学习英语知识的同时进行实践练习。学生融入课堂教学并积极主动构建英语知识,加强学生的主体地位。

3. 实现动态灵活教学

相对于传统英语教学模式下教师对学生的单向知识输出、全班统一教学的情况,成果导向教育理念下的大学英语教学过程更加灵活、动态化。教师基于学生的"最近发展区"来安排英语教学内容,学生可以根据实际情况选择符合自己英语水平和能力的教学内容。同时,教师在日常口语交际情境及课后任务的完成情况中对学生的英语学习情况进行动态监控,对学生的薄弱环节给予及时反馈并强化练习。

4. 以能力作为评估主体

成果导向教育教学模式的目的在于:确保所有的学生在离开英语教育时能够拥有今后走向"成功"所需要的知识和能力,但并不要求他们在同一时间、用相同的方式达成。因此,学生的英语成绩、能否通过大学英语等级考试将不再作为教学评价的标准和教学的主要目标。教师要在单元教学、阶段教学、学期教学结束后,根据学生的预期学习目标设计相应测试,应用形成性评价和总结性评价相结合的方法来评估学生的实际英语综合能力,并通过及时反馈促进学生英语知识的掌握、英语口语的熟练运用,帮助学生达成预期能力指标。

(二)教学模式实施

成果导向教育理念下大学英语教学模式的实施要从转变教育观念、规划教学环节、优化英语课堂教学以及进行个性化评价四个方面着手。

1. 转变教育观念

这涉及教师、学生以及教育管理部门三方面。教师要逐步减少对课堂的掌控,积极引导学生参与英语学习情境,构建师生共同参与式课堂;以学生的英语实际水平和英语综合能力指标为依据制定英语教学目标，反向设计英语教学内容。对于英语学习主体的学生而言，要转变把英语考试成绩、学习英语学科知识作为首要任务的观点，改变一味地接收教师讲授知识的学习方式，而要在课堂上积极参与教师组织的交际情境，逐步养成自主学习英语的习惯。同时，学校教育管理部门也要支持引导和鼓励运用这一模式。

2. 规划教学模式中的各个环节

做好成果导向教学模式规定的各个环节，即定义学习产出、实现学习产出、评估学习产出和使用学习产出。教师在分析学生英语学习需求的基础上预期学习产出，以此制定教学目标，设计灵活多样的英语教学活动。在课堂教学中充分调动学生积极性，帮助学生有效掌握英语知识，鼓励学生在实际生活中运用所学的知识解决实际问题；制定评价标准，评定学生是否在生活情境中运用了课堂上学到的英语知识。

3. 优化大学英语课堂教学

成果导向教学模式下的课堂教学至少要实现从灌输向对话、从封闭向开放、从知识向能力、从重学轻思向学思结合、从重教轻学向教主于学等五个转变。英语教学不再是单向的知识灌输，而要在预期学生最终将取得的"英语学习成果"的基础上，关注学生听、说、读、写、译综合能力的培养与实践。依据英语知识目标和综合能力指标反向设计英语教学，根据课堂反馈结果不断调整教学进程，优化教学方法，最终实现英语教学目标。

4. 开展个性化评价

教师依据学生毕业时应达成的英语学科要求，制定不同的能力指标；学生根据自己的实际英语水平，设定不同的阶段性目标；通过课堂教学和实践应用检验学生的英语学习成果，依据阶段目标和能力指标的达成度对学生进行评估。由于学生个体间存在差异，所以对于不同能力、不同水平的学生，他们的目标达成情况并不相同，因此教师要结合学生实际实施个性化评价。

(三) 教学模式的意义

成果导向教育理念指导下大学英语教学模式的构想将对我国英语教学改革与发展、教师技能的提升以及学生综合能力的培养产生积极作用。

1. 提高英语教学质量，优化英语教学结构

在成果导向教育理念下的大学英语教学模式中，通过评估学生英语学习成果，管理者可以及时掌握学生的学习情况，根据实际教学情况及时调整阶段性教学目标，进行师资培训，从而优化英语教学结构，提高英语教学质量。

2. 提升英语教师专业能力及教学技能

成果导向教育理念下的大学英语教学以阶段性的英语知识目标和综合能力指标为指引，教师需要根据不同目标选择适合学生需要的教学内容，采取灵活多样的教学方法帮助学生达成目标，促进教师不断完善自身英语专业知识体系，并在实践中优化英语教学技能。

3. 促进学生个性化发展，培养英语综合能力

在成果导向教育理念下的大学英语教学模式中，每个学生都有明确的英语阶段性目标，为达成目标学生可以充分利用各种资源，参与不同类型的英语教育活动。教师不再以学生对知识、语法的记忆情况进行评价，而是根据目标达成情况对学生进行考核。这有利于学生的个性化发展，提升其英语综合能力。

第三节 应用语言学的大学英语教学模式

应用语言学是当代教育发展中的重要学科内容之一，应用语言学与语言类学科具有紧密性，使我国教育者注意到其与英语教学之间的相容性，开始对应用语言学运用英语教学融合开展讨论，并取得一定的教育成效。然而，由于应用语言学科知识内容较为广泛，因此，当前应用语言学与英语教学融入的研究成果才取

得一小部分成功。为了能够更好地发挥应用语言学在大学英语教学中的作用,做好应用语言学的深入研究工作是必要的。

一、应用语言学的概述

应用语言学是一门综合性较强的学科知识内容,其不仅具有较多的语言本身知识与理论,同时还包括对语言社会因素与使用环境的研究。应用语言学作为语言学习的基础,是学生应该掌握的根本性知识内容,其概述体现在以下四方面。其一,应用语言学是一种探索的学科知识内容,能够形成相对应的研究活动,应用语言学研究成果能够与其他语言类学科实行相容性;其二,应用语言学的特性,决定其研究成果,应该运用到人类活动领域中;其三,虽然应用语言学知识是语言类学科不能够缺少的组成部分,然而,能够对应用语言学起到帮助的学科知识内容,除了语言类学科,其他学科也能够起到帮助作用;其四,应用语言学的研究目标,是解决与语言类学科相关的问题,完善语言类学科的相关活动。

二、应用语言学在大学英语教学中的意义

(一)教学模式的改善

从语言类学科分析,大学英语学习的重点应该是英语口语交际能力,这是根据应用语言学的分析与理解得出的结论。然而,在以往大学英语课堂教学中,教师较为注重英语理论知识的教授,将英语知识内容局限于英语教材,强调英语单词、语法、句型的理解与记忆,使学生的英语口语能力得不到有效的锻炼,长此以往,学生虽然具有较为丰富的理论知识,但羞于开口说英语,在开口说英语环节中总是表现不足。因此,大学英语教学将应用语言学融入教材体系,能够丰富大学英语教材内容,创新教师的教学模式,使学生能够更好地学习英语知识,并

且应用语言学提倡培养学生英语口语能力，从而使学生能够全方位发展。大学英语教师可以根据应用语言学融入的教材知识内容，采取多元化教学模式，为学生授课，进而提升学生的英语口语能力。①

(二) 教学区域的分析

当前，大学英语教学行为还是存在认知误区，这些认知误区能够影响到学生学习英语知识内容的学习方向。例如，在大学英语课堂教学中，教师较为注重英语语法知识内容的讲解，很少根据知识内容为学生创设真实的说英语空间，让学生在英语空间中自由地说英语与练习英语，从而使学生英语口语能力低下。此外，一些教师将英语教学的重点，集中在学生对英语知识的理解与记忆方面，因为英语语法知识较为抽象，一味地让学生去分析与记忆，使学生焦头烂额，长此以往，一些学生对英语知识的学习形成厌倦，从而使学生学习英语知识兴趣不高。其实大学英语科学的教育目的，是让学生更好地运用英语知识内容，使学生能够运用英语知识表述自身的想法，从而培养学生英语口语交际能力。而在以往的大学英语教学中，忽视了这一点，致使学生学习英语兴趣不高。因此，将应用语言学运用到大学英语课堂教学中，能够解决这一教学现状，而教师也应该改变以往单一的授课模式，根据英语知识内容，为学生创造真实的口语交际环境，让学生勇敢说英语，激发学生参与活动的积极兴趣，从而提升大学英语课堂教学质量。

三、应用语言学的大学英语教学模式的改革途径

(一) 加强教师对应用语言学的认识

课堂教学是学生与教师学习与授课的主要阵地，只有教师教授得好，学生才能够学习得好，才能够学习到全面、有效的知识内容。故而，教师作为大学英语

---

① 汤闻励.非英语专业大学生英语学习"动机缺失"研究分析[J].外语研究，2012（1）：70-75.

教学的组织者与引导者，应该对应用语言学具有一定的认识，才能够更好地为学生授课，从而提升大学英语课堂教学质量。将应用语言学渗透到大学英语教学中，首先应该对教师授课模式与教育理念进行全方位的优化，因一些大学英语教师受到以往教育理念与教学模式的影响，很难适应应用语言学教学模式与教育理念，他们普遍认为英语单词与语法是学生学习英语的基础，同时也是学生学习英语的根本性知识内容。而将应用语言学运用到英语知识中，这一教学理论是近些年才推出的，一些教师难免会对其应用不适应。因此，大学学校应该加强教师培训，向教师宣传应用语言学理论运用到英语教学的优势与好处，提高教师对应用语言学的认识，使学生能够积极主动地将应用语言学运用到大学英语教学中。学校通过加强教师对应用语言学的认识，能够促进教师更好地运用应用语言学，创新以往的教育理念与教学模式，以英语情感教育为导向，使学生能够积极主动地融入课堂教学，从而提升学生学习英语知识的积极性与主动性。

（二）开展英语输出教学

当前，大学英语在教学方面，较为注重学生阅读能力与听力练习等训练，这些英语教学内容属于学生英语输入的层次教育，大都是学生如何学习英语语言的教育，然而，凸显学生如何运用英语语言、如何运用英语语言交际等英语输出层次教育却很少，同时英语输出教育也是现代大学英语教育较为欠缺的英语应用能力。应用语言学理论不仅强调在教学中提升学生听力与阅读能力，同时还强调在教学中为学生提供真实的教学情境，激发学生说英语欲望，使学生能够在与他人互动、交流中，有效地掌握英语知识内容，进而提升学生英语口语能力。随着社会经济的发展，社会企业对人才的需要也在不断地提升，其要求学生不仅应该具有丰富的英语知识理论，同时还应该是一个复合型人才，听、说、读、写能力样样俱全，能够与他人进行良好的交流与沟通。因此，在大学英语课堂教学中，教师应该结合社会企业对人才的需求标准，将应用语言学运用到英语教学中，弥补以往英语教学的短板，以培养学生英语口语能力为导向，为学生开展英语输出教学活动，提升学生英语听、说、读、写能力，从而培养学生的英语素养。例如，大学英语教师可以运用情境教学模式为学生授课，根据英语知识内容，为学生创设一个真实的英语交流空间，鼓励学生积极主动地融入情境中，为学生提出相对应的英语问题，让学生在情境教学中扮演不同的角色，教师在一旁加以指导与引导，使学生在英语交际、互动、合作中讨论英语知识内容，提升学生英语口语能力，从而体现应用语言学运用到英语教学中的根本作用。

（三）优化教学模式，重视实践能力

将应用语言学运用到大学英语教育中，能够有效地创新教师的教学模式，优化教师的授课模式，教师教学模式得到有效的优化，能够为学生更好地开展英语教学活动，从而能够提升学生英语知识水平。其一，在大学英语课堂教学中，教师应该以学生为课堂教学中的主体地位，自身为引导者与组织者，深入了解学生，根据学生实际，整合英语知识内容，为学生选取合适的教学模式，从而促进英语教学活动开展。例如，基于英语口语教学模式与以往听、说、读、写教学模式不同的特性，教师在授课时应采取不同的教学模式，突出教育重点，从而提升学生英语口语能力；其二，在大学英语课堂教学中，教师应该根据学生的学习需求，采取分层次教学模式，根据学生学习的差异性，强化学生英语学习的薄弱环节，从而使学生能够在分层次教学模式中取得相同的进步；其三，在大学英语课堂教学中，教师应该与时俱进，有效地运用现代化教学工具为学生授课，将应用语言学知识内容变得形象化、生动化，便于学生更好地理解知识内容。此外，在大学英语课堂教学中，应用语言学应该以实践教学为导向，从而培养学生英语知识运用能力。教师可以根据英语知识内容，为学生组织相关的校园活动，如英语讲座、英语讨论会，鼓励学生积极主动地参与到活动中，进而提升学生英语应用能力，同时还能够丰富大学校园生活。

综上所述，应用语言学是一门综合性较强的学科知识内容，其不仅具有较多的语言本身知识与理论，同时还包括对语言社会因素与使用环境的研究。因此，在大学英语课堂教学中，教师应该有效地运用应用语言学，改变以往的教学模式与教育理念，以培养学生英语语言运用能力为导向，提升大学英语课堂教学质量。

第四节 基于跨文化交际的大学英语教学模式

在大学英语教学模式的探索过程中，跨文化交际理念已经不是很新颖的教学观点。有无数的大学英语老师通过大量的实践经验对其进行了完善和调整。但是大学英语教学模式中跨文化交际理念依然很难在实际应用中展现出来，在这种模式下教育出来的学生缺乏实际交流能力。在这种严峻的情势下，我们有必要积极地去探索跨文化交际理论的基础，不断查找在教学模式中出现的问题和不足，为基于跨文化交际的大学英语教学模式探索打下坚实的基础。

一、跨文化交际的概况

（一）跨文化交际的含义

跨文化交际是指不隶属于同一语言体系的主体，通常以了解彼此文化背景的方式实现更好的交流。

（二）跨文化交际的特点

从跨文化交际的基本含义可以看出，其存在以下四个特点：一是跨文化交际的异文化性，是说参与跨文化交际的双方没有相同的文化基础；二是跨文化交际的同语言性，是说在跨文化交际的过程中，拥有两种不同文化基础的语言者需要使用相同的语言才能沟通，并展开各种文化交际活动；三是跨文化交际的口语性，跨文化交际实际上是实践的过程，是现实应用的体现，这个过程需要进行面对面的交流；四是跨文化交际的直接性，在实际的交际过程中，可以将实际理解用语言表达出来，并进行探讨或者沟通，实现对语言背后深层次含义的理解和掌握。

（三）跨文化交际的重要性

从理论上来讲，语言和文化是相辅相成的。我们在学习英语的过程中就是汉语文化和英语文化之间交流的过程。所以，想要学好语言，就要从语言的文化开始学习，以便在切实的交流沟通中能够具有准确表达自身意思的口语表达能力。从细节方面来说，培养大学生英语跨文化交际能力有着以下三方面的意义：一是用跨文化交际的方式进行英语教学探索，有利于大学生表达能力的提高、人文素养的锻炼以及自身文化底蕴的沉淀，对于实现其在实际交际中的良好表现起着积极的作用；二是积极踊跃地尝试以跨文化交际的方式开展英语教学，可以为我国大学英语教育的改革提供坚实的基础，有利于我国大学英语教育改革事业的发展，是由应试教育向素质教育发展的有效途径；三是应用跨文化交际大学英语教学模式，有利于外国语人才的全面培养，对提高处理涉外事件方面的能力有着很大的帮助作用。

二、现阶段跨文化交际大学英语教学模式探索所面临的艰难问题

（一）跨文化交际价值观的缺乏

虽然在理论上文化和语言之间有着相辅相成的关系，但在实际的英语教学过程中出现了严重的失衡状况，过于偏重语言的学习，忽视了对于语言文化的重视，导致英语在实际语言应用中难以表达出所想表达的含义。具体表现有以下三点：一是理论教育的环境下，以授课为主，授课的方式方法古板单一，很少涉及与外语文化相关的事；二是教学过程中缺少实际的应用方向，教学的目的只为了体现

在试卷或者问答中,严重缺少穿插在语言中的文化所带来的深刻含义;三是缺少语言应用的灵活性,多以标准答案和惯用语法来搪塞教学理念,使学生很难以全面深刻的方式理解语言的意义[①]。

(二)跨文化交际教育经验的不足

学习英语归根结底就是对外国文化学习和探索的过程,如果教师具备一定的跨文化交际成功经验,并且可以将自身体会到的文化内涵用易懂的方式传授给学生,就能促进学生实现跨文化交际能力的提升。但实际上,很多高校严重缺乏拥有这样资历的优秀教师。因此,在英语教学的过程中严重缺乏跨文化交际的实际经验。

(三)跨文化交际教育体系不健全

我国跨文化交际教育理论相对于国外的研究来说,起步比较晚,发展速度相对较慢。我国的跨文化交际理论研究工作始于20世纪80年代,大部分在此方面做出突出贡献的学者和专家在实际中运用跨文化交际教学的工作经验还很少。从某种意义上来说,正是由于我国跨文化交际理论研究体系的不健全,导致我国跨文化交际意识匮乏,使得我国跨文化交际英语教学模式缺乏有效的引导,跨文化交际理论和实践的脱节是造成大学英语教学跨文化交际文化意识形成的最大阻碍。

(四)跨文化交际教育实践培训缺乏

跨文化交际的大学英语教学模式探索中,切实掌握文化规律是教师必须拥有的基本技能。注重参与跨文化交际实践培训活动,主动积极地接触跨文化交际教学技能,是各大学英语教师不断提高跨文化交际教学质量的有效途径。但是实际上很多大学英语教师都缺乏实际应用的跨文化交际培训,接触跨文化交际教学的

---

① 李艳,韩文静.孔子因材施教的教育思想简述[J].吉林教育学院学报,2008(4):39.

理论和实践较少。在这种情况下要求教师进行跨文化交际大学英语教学模式的探索,使大部分教师手忙脚乱、不知所措,所以这项工作的开展也失去了实际的意义。

三、基于跨文化交际的大学英语教学模式的探索

(一) 建立健全的跨文化交际能力培养认知体系

健全的跨文化交际能力培养认知体系,主要涉及教学理念、教学目标以及教学原则等内容。我们可以从以下四点入手:一是树立正确的教学观念,通过更新教学理念,明确教学的思路来促进跨文化交际教学工作的实际展开,必须实现教师队伍对跨文化交际认知能力的提高,并充分调动教师对跨文化交际教育工作的积极性,使其积极投身跨文化交际教育工作,在工作中探索跨文化交际英语教学模式。二是确定正确的教育方向,就是以培养跨文化交际能力作为英语人才培养的目标,使其能够切实地发挥英语的社会功能,跟上社会对于英语教育要求的脚步,以调整和改善教学目标。三是找寻正确的教育体系关系,教学体系中的各个主体之间的关系,主要涉及本土文化和英语文化,英语的功能性和英语的文化性,语言文化教学和语言基础教学等,合理地处理好之间的关系,使其共同致力于跨文化交际的实际应用显得尤为重要。四是搭建坚实的教学基础,我们以大学英语跨文化的教学特点为基础,循序渐进,倡导体验式教学,因材施教。将其作为贯穿整个跨文化大学英语教学工作的重点。

(二) 将教师资格机构的升级和优化纳入重点

根据目前高校跨文化师资力量薄弱的现状,我们应将教师人力资源基础的扩大、教师资格机构的升级和优化当作跨文化交际的大学英语教学模式探索的突破口。积极采取有效的措施,需要做好以下三点:一是严格高校教师的招聘和选拔,给予拥有跨文化教育经验、留学经验以及国外生活贸易经验的教师一定的优先条

件；二是对教师采取有效的培训，积极将跨文化理论发展纳入培训体系，实现教师结构整体升级的目的；三是适当增加外教的聘请和外教课程比重，让教师和学生都能在此过程中汲取经验，成为跨文化交际的大学英语教学模式探索中一个有利的突破口。

（三）扩大跨文化交际的大学英语教学模式的理论研究力度

我国跨文化交际的大学英语教学模式研究处于落后于其他国家的阶段，所以紧跟先进国家的步伐，需加大开展理论探讨的力度，以填补我国这方面研究的空白。主要涉及以下三点：一是设立相对应的跨文化交际的大学英语教学模式研究项目，组建专业的研究小组，结合实践经验来完善我国跨文化交际的大学英语教学模式理论体系。二是积极学习国外先进经验，及时归纳总结，比较内外优缺点，找到符合我国国情的高校英语教学模式。三是扩大跨文化交际的大学英语教学模式的现实应用，积极了解人才市场对人才需求的实际情况，并及时总结归纳经验，为健全教学模式打下坚实的基础。

（四）扩大引导学生参与跨文化交际的大学英语教学模式探索的范围

学生作为教学过程中不可或缺的重要组成部分、教学过程中的主体，要积极地鼓励学生参与跨文化交际的大学英语教学模式探索，对健全这种教学模式有着至关重要的作用。我们可以通过以下三方面来完成：一是通过各种渠道增加学生与跨文化媒体的接触力度，为学生提供良好的学习环境；二是将情感教育通过文化作品、文化情景以及文化产品的方式融入跨文化交际的大学英语教学过程，积极培养学生跨文化交际的兴趣，将其转化为学生自主接纳跨文化交际的大学英语教学模式的动力；三是积极培养学生自主学习的能力，利用课外探索、趣味游戏等方法实现养成学生跨文化交际的学习习惯，为开展跨文化教学工作打下坚实的基础。

综上所述，基于跨文化交际的大学英语教学模式探索，可以切实地在学生的文化意识、语言能力的提升以及综合素质的增强等各个方面发挥积极的作用。我们必须积极有效地开展各个方面的工作以促进跨文化交际的大学英语教学模式的完善，随着跨文化交际的大学英语教学模式在各大高校有效地展开，基于跨文化交际的大学英语教学模式探索必将为大学英语教学效果的提高发挥一定的借鉴和指导作用。

第五节　智能手机辅助大学英语教学模式

当今社会突飞猛进的发展对大学生的英语综合能力提出了更高的要求。众所周知，智能手机具有泛在性、及时性、交互性和多媒体性的功能。其颠覆了传统的教学模式。近年来，智能手机在高校大学生中日益平民化。这为大学英语学习提供了新的平台。那么，如何使得智能手机和大学英语教学更好地结合，为当代大学生创造更加优越的学习环境，其在当前具有划时代的意义。因此，本节提出了智能手机辅助大学英语教学这一课题，其目的是为了建构一种新的不同于传统的大学英语教学模式，使学生能够随时随地地学习，进一步加强学生英语综合能力和自主学习能力的培养，从而提高学生的英语综合能力。本节以大学英语教学为例，通过在大学英语课堂教学中使用智能手机在课前预习、课中教学和课后学生自主学习的实践，从而可以得出智能手机在大学英语教学中的必要性和可行性。

互联网时代背景下，使得智能手机在大学生中普及开来。其使得大学英语教学产生了翻天覆地的变化。传统的大学英语课堂是低效和被动的。智能手机的出现颠覆了这种传统的教学模式。此外，大学英语课堂上存在的普遍"低头族"和沉默现象要求我们必须改变这种现状。本研究目的在于通过引导学生把智能手机应用到大学英语课堂的自主学习中去。"将智能手机的消极功能转变为积极的学习工具,使得学生掌握一定的自主学习的方法,使得学生养成良好的学习习惯以及学习技能,从而使得学生养成自主学习的良好习惯。智能手机应用得好可以改变这一现状。"随着互联网的普及,智能手机应用在各个领域,功能越来越多并且强大,应用的软件也越来越高级。智能手机正在改变着人们的生活方式、价值观念和思想观念,从而也将改变着我们传统的大学英语教学模式。

因此,目前急需一个正确、积极的课堂模式来应用智能手机。正确地引导学生合理使用手机。从而丰富大学英语课堂教学,促进学生积极思考。"加强师生之间的情感交流。本节正是探讨智能手机在大学英语课堂上的积极应用,从而提高教师对智能手机在课堂上的应用的重视,建立一个合理积极的智能手机应用模式。"

一、智能手机催生大学英语教学

4G 网络的普及和 Wi-Fi 的快速发展推动了智能手机的平民化运用。智能手机具有携带方便、网速快、功能齐全等特点。因此,能够融入生活中的方方面面。我们与人交往、学习、娱乐以及购物等都离不开智能手机。其影响着我们生活的各个方面。并且正在改变着我们的生活方式以及我们的世界观。因此,大学英语教师也应该多加思索智能手机在大学英语课堂中的应用。"大学英语教师应该抓住这一契机,将其大胆的应用到大学英语课堂中,从而为我们大学英语课堂注入新鲜的血液,激发学生的学习动机和兴趣,提高大学英语教学质量,达到大学英语教学的目的。"①

---

① 刘英爽. 国际化背景下大学英语跨文化教育的瓶颈和转型趋势 [J]. 教育评论,2016(7):115-117.

二、智能手机辅助大学英语学习

智能手机就跟笔记本电脑一样的功能,并且比电脑便于携带。智能手机辅助大学英语学习是指,利用智能手机,在任何时间、任何地点来学习大学英语。并且这些设备能够有效地呈现出学习内容,还能够提供教师和学生之间的在线交流模式。

三、智能手机参与教学的必然性

传统的大学英语课堂教学中,以教师为主、学生为辅的教学模式已不能满足当今时代发展的需要。在这种课堂中,以讲师的讲授为主,学生缺乏独立思考的能力。"那种死板单调的教学模式,学生只会死记硬背,不会在日常生活中进行灵活运用。学生一直以来处于一种被灌输的状态中,失去了创造力和想象力。学生的学习毫无兴趣可言。"

然而,在数字化的今天,智能手机成为交流的主要工具,学生的碎片化学习在整个大学校区普及开来。学生们可以通过手机来观看教师发布的视频讲座,在手机上讨论问题、作业和考试等都可以由手机来完成。随着数字化校园的推进,人手一部手机的便利给智能手机应用于大学课堂提供了可能。"因此,在这种大趋势下,大学英语教师们更愿意利用这种快捷、高效的教学模式。只要我们在大学英语课堂上容许学生利用手机和网络,那么传统的大学英语教学模式将会走向瓦解,真正的教育变革就会来临。"

四、智能手机参与大学英语教学的可行性

（一）理论依据

《大学英语教学指南》指出，"大学英语教学以英语的实际使用为导向，以培养学生的英语应用能力为重点"，提倡以教师为主导、以学生为主体的教育思想，强调教学遵循外语学习规律，要求教师创设主动学习的环境和条件来引导学生积极主动参与。此教育理念跟布鲁纳的认知学习理论完全吻合。布鲁纳认知学习理论认为学生的学习需要教师的引导，注重培养学生在学习过程中的主观能动性。学生在学习知识的过程中，学生起到主导作用，教师只是引导学生去发现思考问题，慢慢地自己去解决问题。然后可以建构科学的知识结构体系。学生只有掌握了这些学习方法，才能够融会贯通、举一反三，实现学习的正迁移作用，从而能够依靠自己获取更多的知识。布鲁纳的认知学习理论正好可以对大学英语教学有着指导作用。当前的大学英语课堂存在诸多问题。诸如，班级人数众多、教学课时量少、教材老套等问题。出现的这些问题使得传统的大学英语课堂难以满足学生英语水平参差不齐的现状。然而，布鲁纳的认知发现学习理论与智能手机相结合可以解决当前大学英语课堂上所遇到的难题。智能手机具有资源丰富，时间、空间不受限制等优点。

（二）智能手机的多功能性

智能手机的功能等于一台笔记本电脑，甚至比电脑更快捷方便。里面可以安装学生学习的各种软件工具如微信、QQ以及各种电子词典等等。学生可以在任何时间、地点和空间连接网络进行随时随地的获取目标信息和资料。智能手机在大学英语课堂上的应用能够转变教师的教学理念。在课堂上以学生为主、教师为辅的教学模式能够极大地调动学生的主观能动性，活跃课堂气氛，提高学生的学习积极性和兴趣。

"智能手机具有上网速度快、屏幕清晰、支持在线阅读文本和观看视频文件等优势。与此同时,智能手机还能够下载所需要的视频、图片等。还具有录音、录像等功能。据调查,现在的智能手机是人手一机,因此,智能手机可以成为大学生英语学习的一大优势平台。"

五、智能手机在大学英语课堂上的运用

(一) 课前预习

在上课之前,教师可以把学生的学习任务发到班级群里,或者上传到云端。学生可以利用手机随时随地地下载了解学习任务。这样可以培养学生的学习自主性。当前的大学英语课堂教学主要是以听、说、读、写译为主导。由于课时量的限制,这几项任务不能全部在课堂上进行。那么,为了提高效率,就可以借助智能手机来完成这项教学任务。教师可以把提前录制好的视频等教学资料传到班级群中。如听课文、看视频、学单词等一系列教学任务可以提前预习,从而发现问题,自己解决不了的,可以在课堂上由教师来解决。这样可以大大地提高学习效率,从而实现大学英语教学的目的。

(二) 课堂教学

当今,大学英语课堂上百分之九十五的教师都是使用多媒体课件上课,黑板上基本没有任何板书,PPT翻页过快,这样导致学生没有时间做笔记。然而,智能手机的应用可以缓解这一状况,学生可以用手机拍照功能。还可以使用录像功能,把任何细节都可以录制下来,课后可以整理复习使用。众所周知,很多学校的大学英语课堂都是上百人,这样一来造成教师不可能给予每个学生发言的机会。然后,微信和QQ的使用的普及,可以让学生把教师课堂上要讨论的问题放在微信和QQ上,学生可以在下面留言发表自己的看法,教师随时随地都可以了解学

生在学习过程中不懂的问题，教师可以随时给予回复，随时解答学生的问题。因此，大大地提高了大学英语课堂效率。

（三）课后复习

智能手机的使用，除了能够及时复习课堂上所学的知识以外，学生还可以根据自己的爱好关注公众号，来学习自己喜欢的知识。再者，学生可以利用微信、QQ留言等向老师提出自己的问题，及时解决不懂的问题，跟老师保持积极的交流和互动，从而提高自己的学习效率。其次，学生不仅可以在课堂上学习知识，智能手机的使用，使得学习在课外一样地进行。学生可以下载自己喜欢的视频、软件等来学习自己需要的知识。这是作为课堂上的有益补充，更好地提高学生的自主学习能力。

六、大学英语课堂上智能手机使用带来的局限性

智能手机运用到大学英语课堂上，虽然有很多的有利条件，但是也会产生一些不利的影响。智能手机运用于大学英语课堂，对于那些自制能力差的学生而言，他们可能会用来娱乐，这样反而影响到学生的正常学习。再者，长时间使用手机，总是盯着屏幕对眼睛的伤害也是很大的。这些都是需要我们关注并且需要解决的问题。

智能手机运用到大学英语课堂对于当前大学生而言机遇与挑战并存。作为一名高校教师，我们应该重视这种先进的教学技术与课堂教学相结合，从本校的实际情况出发，重构以智能手机为依托的具有划时代意义和可行性的大学英语课堂教学模式。"我们要倡导以学生为主，以教师为辅的教学理念，提高学生的主观能动性，培养学生自主学习的能力，为终身学习打下坚实的基础。总之，这种新型的教学模式具有很强的生命力和广阔的前景。如何有效地把智能手机运用到教学上，是我们高等教育者所要研究的重要课题之一。"

第六节　多元互动的大学英语教学模式

学生对于英语的学习最佳时期就是大学时代，因为大学毕业之后就面对找工作，因此在该时期进行英语学习至关重要，作为教师要注重对于高校学生的英语能力的培养，不断提高学生的能力水平，为社会发展培养有用人才。就当前的高校英语教学现状可以看出，教师所教授出的学生普遍存在共性，就是"高分低能"，这一教学效果的缺陷使得英语的教学效果受到很大的影响。所以，随着新课改的不断发展，处于当今时期高校的教学，要不断深入进行高校英语教学模式的探究创新，充分地将多元互动教学这一重要的模式运用到教学活动中，从而优化教学的效果，培养学生的英语能力。

一、高校英语教学模式的现状探究

很多国外的外语教学模式具有多样化的特点，探究的维度也十分地广泛，折中主义的观点备受人们的欢迎。在外语进行教学活动中从折中的角度出发，为学习者营造多元化的学习氛围。因此，国外在进行教学活动中一般运用的教学模式有课堂讲授型、相互交流型和折中型三种。因为国际化步伐不断加快，所以高校的英语教学模式也在不断改革创新，逐步朝着开放性、多向性的方向发展。紧接着，教学的环境也逐步出现转变，开始朝着多元化、开放性的方向发展。所以，教师在进行教学模式的选择时要注意教学目标的确定，要通过教学激发学生的学习热情，选择适应学生的教学策略，培养学生具备正确的学习观，能够积极主动地参与到学习中。[①]当今时代由于信息技术的飞速发展，所以高校的英语教师要

---

① 王汉英，胡艳红，徐锦芬. 美国康奈尔大学外语教学观察与思考[J]. 教育评论，2015（7）：165.

注意不断探究教学模式的创新发展，不断促进多元互动教学模式的完善，为学生营造一个具有开放性特点的学习氛围，从而不断提高学生的英语能力水平。

二、不断完善高校英语多元互动教学模式的对策

高校英语教学中，教师要想充分地运用多元互动教学这一重要的模式，就要明确其模式运用所必须具备的条件。以下是针对进一步完善高校英语教学中的多元互动模式的具体对策。

（一）不断提高教师的素养水平，创新教学观念

高校教师在英语教学活动中充分地运用多元互动这一模式，首先要注意角色的明确，促进教学观念得到创新发展，教师要起到重要的作用，积极起到教学引导的作用，不断提升教师自身的素养水平。比如，教师要充分地运用课余的时间，积极参加到相关的学习活动中，进而促进自身教学素养和能力，为多元互动教学模式的充分运用奠定良好的基础。除此之外，教师还要将学生的英语水平现状作为基础，进行教学活动的设计。教师的经验不断得到增加，所以教学活动的设计具有科学性，能够使得学生积极参与到学习中，不断促进学生的英语能力得到提升。

（二）不断促进硬件的建设工作，为学生提供学习资源

所谓的多元互动教学模式与其他的模式相比较而言，具有很大的特点，所涉及的范围十分地广泛，而且还需要网络的辅助作用。因此，在高校的英语教学活动中充分地运用多元互动教学模式，与网络息息相关，需要网络硬件的支持。因此，在网络硬件的运用下，能够促进教学效果得到优化，进而促进学生更好进行学习。高校要不断完善硬件设施，还要积极为学生提供丰富的学习资源。教师要站在多个角度进行分析，为学生营造学习氛围，提供具有价值的资源，进而提高学生的英语技能，优化学习效果。

(三) 要不断加强教师的引导和监督

高校英语教学活动中充分运用多元互动这一教学模式,作为教师不但要在教学活动中起到引导和监督的作用,同时还要积极在课下引导学生进行学习,因此教师在进行教学活动的设计时要注意将学生的实际情况作为设计现实中的情景,以便激发学生的热情,同时借助网络的作用,在课余时间对学生的学习进行监督,从而提高学生的学习效果。

(四) 不断健全评价反馈体系

在高校的英语教学活动中教学评价这一环节至关重要,该环节的进行能够对学生的学习目标和学习效果起到重要的影响。在过去传统的英语教学活动中,一般所采用的评价是结果式的评价,主要将重点放在最后的成绩上,从而忽略学习的过程,这样的评价具有片面性,不能有效地激发学生的学习兴趣。因此,在进行多元化教学中,教师不但要注重结果的评价,同时还要注意对于学习过程的评价。对于教学过程的相关资料等进行总结评价,从而提高学生的英语素养水平,促进其英语能力得到发展进步。

总而言之,在高校的英语教学活动中充分地运用多元互动教学模式,促进其具有开放性,能够促进教师创新发展教学观念,为教师的活动设计做好铺垫,充分地呈现出这一教师模式的优点所在。除此之外,要想促进学生的英语素养水平得到提高,就要为学生提供丰富的学习资源,设计科学的教学活动,从而提升学生的能力。

第七节 基于"微课"的大学英语教学模式

一、微课的内涵及特点

我国微课的概念是由广东省佛山市胡铁生于2011年提出的,随后诸多学者对微课展开了一系列研究。笔者认为:微课是一种基于构建主义的新型教学形式,教师以某个点为核心,以视频(5~10分钟)为主要载体,体现教学重难点的视频课程。

微课的特点:一、时间短,内容精。微课最长不超过10分钟,展现的都是核心内容,针对性和个性化突出。二、重点明显,学习效率高。微课在有限的时间内呈现的都是干货,能在人的注意力极限时间内,将重难点呈现出来,提高学生的学习效率。三、资源方便,随时学习。微课突破了时空限制,学生可随时通过移动设备学习。

二、民办高校大学英语教学现状

(一)学生特点

笔者就任于一所民办高校,高考招生时,录取分数线较低,学生英语基础薄弱,学习兴趣不高,自主性不强。课堂上教师不严格要求,注意力就不集中,沉迷于手机无法自拔。但是学生的好奇心很强,善于尝试新鲜事物。可移动设备和无线网络的普及,为学生的线上学习奠定了坚实的基础。笔者对2016级学生做了问卷调查,结果显示:大部分学生(65%)能较清楚地认识微课,并且对课堂上应用微课较认可;只有少数学生(5%)不知道微课。

(二) 教学现状

我校大学英语采用合班授课,实际课堂人数在 60~85 之间,人数多、规模大。大学英语的课堂教学时间一再压缩,课堂互动只限于部分学生,导致自觉性差的学生课上走神,注意力难集中,兴趣不高。教师为了全面照顾教学重难点,不得不加大课堂信息量,从而造成教师上课疲惫,学生很难吸收。"教""学""用"脱节现象严重,对英语的学习完全是为了期末考试或者四六级考试,完全忽略了英语的实际运用,偏离了大学英语教学的真正目标。

(三) 教师分析

我校外国语学院专职教师 30 人,45 岁以下占 94%,全部为研究生学位,这样一群中青年教师容易接受新鲜事物,并且大部分愿意尝试创新,努力学习媒体信息技术,已经有几人参加过全国微课教学比赛。平时的授课中也有一些教师积极尝试多媒体教学,大学英语课程已审批成为全校精品课,以高标准通过期中验收,因此,将"微课"应用到大学英语课堂教学中是可行的。

三、新型教学模式的构建

(一) 微课选择或制作原则

网络资源十分丰富,辅助课堂教学的微课视频可以从网上直接下载,教师也可以按照自己的实际需求亲自制作,但都必须遵循一定的原则:一、微课视频一定突出"微",长短保持在 5~10 分钟;二、教学目标针对性要强,围绕某个教学要点展开设计,达到辅助课堂教学的目的;三、充分考虑授课对象的知识水平、年龄特点及心理状况;四、具备趣味性和动态性,足以吸引授课对象眼球。

（二）课前、课中、课后教学三环节的教学过程

"微课辅助，环环相扣"的新型大学英语教学模式指将微课恰当运用到课前、课中、课后教学三环节中，使其自然衔接，顺利过渡，一气呵成。课前预习是承前启后环节，教师将课堂授课相关微课布置给学生自学，并布置相关问题请学生思考答案，师生均做足准备工作之后就能很快融入课堂教学。课堂上的重中之重是教师引导下的学生互动学习，这样可以促使学生之间交流观点、激发思维、丰富想象力，从而达到运用英语的目的。[①] 课后复习和总结反思也是有效英语教学的重要环节之一，或继续布置微课视频作业，或让学生总结所学内容动手制作微课，或安排具有探究性的课后习题，让学生获得更深层次的思考。

（三）构建新型教学模式的意义

首先，微课的特点完全与现代大学生的心理特点吻合，能提高学生学习英语的积极性和主动性，能充分利用碎片化时间，满足在手机或电脑上的畅游。其次，该模式对教师提出了更高的要求，尤其是教师的媒体信息技术能力，教师备课过程中需要搜集资料、制作微课、设计习题等，无形中提高了教师专业素质和信息素养。最后，信息技术的发展无疑对英语教学是一个巨大的冲击，信息技术与教学的深度融合是实现教学改革的重要途径。

微课是网络社会环境下的产物，一种全新的教学手段，符合现代大学生特点，有利于提高学生对英语学习的兴趣和主动性，培养运用英语的能力，但是更具体化的教学过程仍然有待继续研究。

---

① 秦秀白，张凤春. 综合教程3（学生用书）[M]. 上海：上海外语教育出版社，2014.

第八节 基于课堂与网络的大学英语教学模式

随着社会不断发展和信息技术不断进步,通过多年以来的教学总结发现,网络在大学课堂教学过程中使用得越来越普遍,特别是对于英语这种语言型的学科来说,基于课堂与网络的大学英语教学模式成为很多专家和学者探究的热点问题。

一、合理继承传统教学模式中的优秀部分,发挥两种教学模式的优势

在大学英语教学中不断引入网络技术,将网络课程教学与课堂课程教学结合起来,改变过去大学英语教学以教师讲授为主的教学模式,既充分发挥网络教学资源的优势,又重视发挥教师的指导作用,有利于学生在学习过程中自主学习能力的提升,培养学生自主学习英语的能力,帮助学生学到更多知识。

在网络教学过程中,教师可以通过改进网络技术创造更好的学习氛围。首先,要注重调动教师和学生双方的积极性,特别是在教学过程中要深化学生的主体地位。新的教学模式要更加注重教师和学生之间关系的处理,把学生作为学习的主体,一切教学计划和安排要站在学生的角度考虑可行性。网络教学资源和网络技术更加丰富,教师可以加入的知识也不断增多,很多知识的表达可能更加完善。但考虑学生的接受能力,教师制订教学计划的时候要分层次进行,使学生的学习能力稳步提升。特别要强调教师积极性、主动性的发挥,不能认为基于网络的自主学习就是学生自己学习,不能认为学生在学习过程中不需要教师的相关指导。教师要区分自主学习和自学的区别,要充分体现教师的引导作用,使学生不断提升学习效率。

充分考虑和合理继承现有教学模式中的优秀部分。利用现代教育技术改进现有教学模式并不是丢弃原来的教学模式,而是综合多种教学模式的优点,结合学

生的实际情况，采用合理的教学模式。现代技术能够集合多种媒体对某一知识结构进行形象化的阐述，能够示范标准的语音语调，能进行人性化辅导，能够"不厌其烦"进行重复、答问等。而传统教学模式课可以在短时间内让学生获得更多的知识，还可以解决学生的问题，这样的授课方式和学生与教师之间的面对面的交流可以使教师更加了解学生，可以针对每个学生的学习特点和认知能力选择一些比较好的教学模式。

二、使用计算机网络教学的课程，广泛利用教学资源

（一）引进新的教学网络体系

网络学习资源丰富，很多人可以通过网络获取教学资源。特别是对于很多成人教育而言，网络更具优势。例如，国家开放大学建有国开学习网，构建一个广阔的平台，一些课程的单元辅导从文字、视频、形考到论坛交流都可以在国开网上展现，兼有知识性、广泛性、指导性、趣味性，可提升整体学习水平，为教师和教师、教师和学生之间搭建交流平台，可促进教师与学生之间的联系与了解。教师利用网络学习环境，运用网上实时与非实时教学手段为学生答疑解惑。这样的学习方式非常灵活方便，特别适合成人教育，可以合理安排工作与学习时间，可以得到教师的学习辅导。[①]学生和教师的相互理解不断增强之后，学生的学习兴趣和效率才能有所提高。引进一些新的教学网络体系丰富教学内容，教师和学生双方都能得到提升，促进学生的综合能力不断提高。

（二）注重教师辅导作用的发挥

基于网络的教学中，学生学习效果有两个方面的影响非常的重要：一方面是教师的教学设计和安排是否合理，是否能激发学生的学习热情；另一方面是在线

---

① 王允庆，孙宏安．高效提问 [M]．北京：高等教育出版社，2016．

学习到一定学时后,教师应和学生进行面对面交流,包括对学习任务完成情况的检查与评估,即形成性评估的组成部分、对学生学习策略的指导、自主学习能力的培养。面授辅导是很重要的一个环节,是帮助和指导,是鞭策和约束,可以及时帮助学生发现自己的不足,更好地优化自己。

三、在新的教学模式指导下,重在提升学生自主学习能力

网络教学环境使"课堂""无处不在",使学生可以随时随地地学习。学生掌握好的学习方法,最终形成自主学习能力是至关重要的。教师不仅要传授知识,更重要的是培养学生的自主学习能力,通过下达学习计划,强调阶段性要求和目标,使学生逐步养成学习的自觉性和计划性。通过组织互动交流,学生不断提高英语实际运用能力。通过网络及课堂上的答疑改错,学生查找不足,举一反三,不断提升学习能力。

基于课堂与网络的大学英语教学模式有着传统的教学模式无法取代的优势,但同样也存在一定问题,教师要针对实际情况取其长、补其短,真正促进学生学习效率的提高。

第三章　现代英语教学方法

第一节　大学英语教学方法的创新

　　大学英语作为高等教育中重要的课程，是大学教育发展的重要组成部分，对于学生英语学习能力的进一步深入和提高起着至关重要的作用。但是教学效果的好坏与教学方法的应用关系十分密切，并发挥着特殊的作用。在当前大学英语教学的背景下，传统的教学方法已经无法适应当前时代的发展和社会需要，因此必须建立起一整套创新的教学模式。本节从当前大学英语教学方法的创新改革的必要性出发，接着对当前教学中存在的问题和不足进行了分析，最后得出运用互动式教学方法、肢体语言教学方法、角色扮演教学方法等进行大学英语教学方法的创新对策建议。

　　在大学英语传统的教学方法中，其宝贵的经验和方法虽然也能以一定的方式进行，也可以助推当下的教学课程改革，但如何将创新的传统教学方法融入日常的课程，是当前许多高校需要面临和解决的重要一环，也是能否进一步深入开展大学英语教学的重难点，打破长期以来英语学科高等教育的瓶颈和桎梏，需要我们处在一线的教师以一个全新、全面、辩证的视角去看待，从而促进高校以更加科学的态度发展大学英语，满足大学英语课程教学的需要。

一、创新当前大学英语课堂教学方法的必要性

（1）改革课堂教学方法对推动网络化教学的模式至关重要。对于网络化教学模式的应用，目前在许多高校的教学中还都是在慢慢兴起的状态，还远远谈不上普及的程度，主要表现在两方面：一是在国内的高校中，由于客观的原因，相当一部分高校在财政上捉襟见肘，所以没法实现网络化教学的全面覆盖；二是网络化教学的真正意义已经引起广大高校的重视，但是目前正处于试错和不成熟的阶段，对于高校来说还没有一个整套的固定模式可以为自己所用。此外，传统的教学方法并非一无是处，将其与现阶段的先进学习方法相结合是十分必要和可取的。

（2）教学方法的选择是保障教学质量的关键因素。先进的教学模式和教学方法离不开老师们的灵活运用，因为不管是方法、模式还是内容手段都是人为创造出来的，最终也是靠人为来进行操作和实践的。即使多媒体的教学方式，通过网络、课件的演示等呈现出来好的内容，但终究只是一种教学的辅助工具，永远不能代替人为的因素。有这样一种说法是，"随着互联网技术的发展，教师将在不久的将来失去工作"，笔者认为这是十分荒谬的。鉴于此，我们应该不过分迷信、盲目依靠先进的教学方法，采用既有的教学方法或教学手段，结合网络教学的特点，重视发挥教师作为教学的引导者、组织者的重要作用。先进的教学设备不是决定教学质量的重要因素，如果不当使用，不仅不会起到辅助和促进作用，还有可能干扰到课堂教学，使学生抓不到课堂内容的重点，使先进的技术流于形式。因此，通过探索和实践不断改革教学方法，充分发挥教师的主导作用，同时体现学生的主体地位，这才是提高教学质量的关键。

（3）课堂上的互动和语言训练，才是大学英语课程的内在要求和本质。通过进行方法上的创新，在课堂上进行互动和语言上的训练，从课程性质的角度出发，是十分必要的。大学英语教学的目的是使学生掌握英语的基本交际能力，在

听、说、读、写、译五方面进行全方位的提高，具备了这些能力，尤其是听、说能力的掌握，才能够真正将英语应用到日常的生活和工作中。因此，这意味着教师必须在课堂上通过与学生之间的频繁互动，在课堂的教学过程中实现英语交际的教学，训练学生的语言技能，让学生在反复的实践和应用中相互作用，逐渐提高其英语语言的交际能力。①

二、传统教学模式下大学英语教学存在的问题和不足

（1）传统大学英语教学模式下，主客体位置倒置。传统的教学模式下，老师处在教学的中心位置，学生更多的是从属位置，这是极不符合教学规律的。大学英语作为一门应用性极强的课程，其教学的基本要求是学生通过听、说、读、写的训练，掌握加工语言信息的能力，并通过一定的形式进行表达，因此这样的特点就决定了学生必须在实践中全面发展自身的英语能力。但是，据笔者观察，传统的教学模式下，大多数教师占用了大部分的教学时间，使学生没有时间进行实践训练，学生处在一个被动接受的位置，被灌输了太多的单词和固定句式而缺少实践的训练，使得即使学习了英语，但学生还是不能很好地运用它。

（2）传统大学英语教学模式下，多以固定句式和单词为主，效果较差。在大学英语的课堂教学过程中，许多教师采用的教学模式还都是类似于语文的教学方法，重在对英语原文的语法解释和单词讲解，提出让学生重点掌握长难句，或是直接背诵一些句子。但是在实际的教学过程中，这样对于学生英语能力的提升几乎没有什么好处，学生将语法知识掌握得很好，但是在实际与外国人交流过程中，大部分对话的语法可能是不严谨的，还会存在错误，因此活学活用在英语的学习中是十分重要的。

（3）传统大学英语教学模式下，英语学习的四要素缺乏有效衔接。英语学

---

① 李建萍.分级教学背景下大学生英语词汇学习策略的调查和分析[J].黄山学院学报,2009（8）：99.

习中有重要的四要素,分别是听、说、读、写。这四部分在大学英语的学习中应该是相互联系、不可分割的。但是据笔者的观察,目前这四部分大多还是相互分割的,没有形成一个有机联系的整体,如学生在上听力课时,就是在单纯地进行听力训练,缺少写和读的环节,这就很容易造成教学效果的不佳,所以在上听力课时学生不应该纯粹地进行听力训练,可以加入读、写、说的环节。如果我们把这四方面的教学内容结合起来,学生就能够很容易地把他们的听力和阅读信息与自己的学习结合起来,学习效果自然会很好。

三、创新我国大学英语教学方法的对策建议

(1)运用互动式的教学方法。互动式教学作为一种创新的教学方法,在当下的教学过程中得到了广泛的使用。[①]这一教学模式是指老师在授课的过程中,为学生创设一个互动的教学环境,学生在这种轻松愉快的互动交流中,能够自由地表达自己的观点和意见,从而激发学生的学习积极性,通过一定的试验发现这种教学方法对于大学英语课堂教学效果的提升具有非常明显的效果。在英语课程的教学中,教师可以向学生提出一个或多个问题,根据学生分组的能力不同进行相应的指导,使学生成为解决教学问题的主体,让其进行分组讨论。

(2)运用肢体语言的教学方法。将肢体语言的教学方式运用到大学英语的教学中,使教师运用肢体语言进行教学内容的表达,从而为学生创造轻松快乐的学习环境,使学生自由学习。大多数语言的表达也是通过肢体的一些动作进行表达的,虽然没有具体的语言,仅仅是一些无声的表达,但效果却是十分明显的。通过这种教学模式,使其本身的生动、活泼的特点能够发挥得淋漓尽致。大学生大都已经成年,其模仿能力一般都较强,在教学中,教师可以根据教材的内容,生动地表现出语言所要表达的形象,不仅能够激发学生的求知欲望,而且能够引

---

① 黄建滨,邵永真. 大学英语教学改革的出路 [J]. 外语界,1998(4):20-22.

导他们积极参与。这样一来学生在模仿中体会到了学习英语的乐趣，长此以往，就会变得更加愿意学习英语。

（3）运用角色扮演的教学方法。角色扮演的教学方法目前已经在高校中得到了广泛的推崇。角色扮演的方法就是说在教师的指导下，根据教材内容的特点，要求学生进行相应的发挥，进行对话与交流。在教学过程中，英语教师可以根据自己掌握的学生英语学习的能力进行实际教学，教师还可以把教学内容编译成故事，让学生根据自己的性格或喜好进行自由发挥，与其他表演者进行口语交流，这样一来不仅可以提高他们的语言表达能力，还能够极大地锻炼他们的外向性格。

第二节　多学科交叉视角下的大学英语教学方法

隐喻自动识别关键的第一步是要解开人类对隐喻理解的认知机制，建立语言的形式化模型，使之以计算机能够识别的形式表示出来。这一过程很大程度上需要依赖认知语言学理论的指导。目前关于隐喻计算研究的综述性文章主要针对隐喻模型设计、知识库和数据资源建设及隐喻处理的应用方面进行介绍，而本节将从认知语言学和计算机科学的交叉角度对隐喻识别所涉及的理论和方法进行探究。本节主要研究多学科交叉视角下的大学英语教学方法探究。

一、隐喻识别的认知语言学视角

（一）基于文本线索的识别

隐喻表达的特征之一是具有一定的语言标记，可以把这些语言标记作为隐喻识别的线索。这种研究思路在隐喻识别中非常直观，起到一种"路标"的作用，具有较高的价值。通过隐喻标记语的明确指示，做出不能对该话语做字面意义理解而应做隐喻意义理解的明确引导。由于隐喻标记语的介入，人类对隐喻进行推理的时候，就能很容易地领会蕴藏的意图，从而做出正确的隐喻识别。因此，隐喻标记语的使用明示了话语的语义逻辑关系，对隐喻的人脑推理过程起到了明示的语用制约，从而帮助理解与识别。束定芳总结了隐喻表达的七种文本线索标记：

（1）领域信号或话题标志。如 intellectual stagnation（智力上的停滞）、psychic eddy current（心理旋涡）、时间隧道、历史悲剧。（2）元语言信号。直接用 metaphor，metaphorical，metaphorically 或"比如"等字眼。（3）强调词信号。in fact，literally，actually，really，汉语中的几乎、差不多、简直等。（4）模糊限制词。如英语中的 a little，practically，汉语中的"有点""某种意义上"等。（5）表示隐喻转换的上义词。如 sort of，type of，"某种"等。（6）明喻。明喻是隐喻的一个种类，其比喻词 like，as，"好像""仿佛"等明确表明这是隐喻式话语。（7）引号。

根据上述认知语言学理论，在隐喻计算机自动识别领域，有一些研究工作是针对文本中的线索而进行的。

（二）隐喻本质

概念隐喻观运用源域与目标域之间的映射以及意象图式来解释隐喻现象，认为隐喻的本质是以一种事物去理解另一种事物的手段，从一个比较熟悉、易于理解的源域映射一个不太熟悉、较难理解的目标领域。人类对隐喻识别是指在语境中发现隐喻表达，找出源域、目标域及映射域的关系。束定芳归纳了人类对隐喻识别的两种基本方法：（1）基于文本线索；（2）基于语义冲突。在认知语言学背景下，隐喻被普遍认为是一种思维方式和认知模式。概念隐喻理论认为隐喻是利用一种概念表达另一种概念，需要这两种概念之间相互关联。这种关联是客观事物在人的认知领域中的联想。①

---

① 李芳.英语教学法[M].北京：高等教育出版社，2001.

（三）基于语义冲突的识别

人类对隐喻的理解首先建立在上下文语境的基础上，根据语言认知系统知识库及涉身概念知识库，对语言形式和字面意思进行分析，确定源域与目标域的语义冲突，并运用概念联想提取机制判断出映射关系，最后做出概念隐喻的判断。多数隐喻的出现并没有什么明确的信号或标志，需要通过对语义冲突的理解来识别隐喻。语义冲突也称为语义偏离（deviation），指的是在语言意义组合中违反语义选择限制和常理的现象，是隐喻产生的基本条件。语义冲突可以产生在句子内部，也可以产生在句子与语境之间。Ortony认为某一语言表达成为隐喻的第一要素是从语用角度或从语境角度看，它必须是异常的，即从其字面意义来理解有明显与语境不符合之处。人类需要根据话语的字面意义在逻辑上或与语境形成的语义和语用冲突及其性质，判断某一种用法是否属于隐喻。

二、交叉视角的文本表达

（一）基于文本线索的方法

因为更多的隐喻不具有明显的语言标记，所以这种基于文本线索的方法只能作为一种辅助来提高识别效果。隐喻标记统计的基础上，把标记隐喻的语言信号分为若干类别，并考察其在文本中的出现频率与隐喻的使用关系。研究表明，虽然带有语言标记的隐喻句在隐喻句总数量中存在的比例并不大，但是存在隐喻标记语的书面语中隐喻的比例达到了大约1/2。除了隐喻标记语的词汇层面，Ferrari还把句法分析作为文本线索进行隐喻识别的研究。例如，通常作为隐喻标记的单词metaphor，在句子"A metaphor is a figure of speech where comparison is implied."中作为主语出现，此句不再是隐喻，metaphor也失去了标记的功能。这种方法概括起来就是利用规则约束与机器学习相结合，从语料库中统计隐喻的语言标记和句法信息出现的概率，以此作为文本线索进行隐喻计算机自动识别。

(二) 基于语义知识的方法

Mason 对基于语义知识的方法进行了早期的研究，建立语义冲突分类体系，并手工建立了语义知识库，但对大规模的语料分析具有局限性，也耗时耗力。Mason 通过大规模语料库自动获取词汇的优选语义，从领域语料库获得词汇的语义特征，对比特征语义冲突完成概念映射的优选。但由于领域知识库规模不足，此方法只能处理与动词相关较简单的概念隐喻，对于复杂映射具有很大的局限性。利用词典和语义搭配知识是基于语义知识方法的另一项应用。如 Krishnakumaran 利用英语词典 word-Net 得到语义知识，计算词语在语料库中语义搭配的概率。同样，杨芸利用《同义词词林》和《词语常规搭配库》来识别汉语语义搭配型隐喻。另外，机器学习方法是隐喻自动识别研究的一个新方向，在处理海量信息上有着明显的优势和广泛的应用。面对日益增多的数据与计算机技术迅速发展，广泛地尝试探索基于机器学习的隐喻识别研究十分必要。基本上，此方法把隐喻识别的问题转化成文本分类问题，最终达到识别目的。

三、总结

(一) 语言学家与计算机研究者携手共进

语言学与计算机科学对于隐喻识别，有着共同的研究处理对象及共同的奋斗目标——揭示人类语言中隐喻的秘密，开发人类语言智能的功能。利用计算机对隐喻进行识别，基于规则和统计相结合的办法是有效办法之一，只利用任何一种方法都有它的局限性。计算机固然可以迅速地从大规模的语料中获取隐喻知识，解决系统的一些具体问题，但是不能解释确切的运行机制和其中的规则到底是如何建立的。所以需要语言学家对语言进行描述与规则制定，实现计算语言的形式化，这些都是跟语言学的基础理论分不开的。同样，语言学也需要进一步现代化。

而计算机隐喻识别所提出的一系列新的方向与需求,一方面启发语言学家从新的角度去思考和探索,这必将深化语言学的理论知识;另一方面,通过计算机改造语言学理论,可以促进语言描写的形式化、科学化和精密化。计算机科学的发展,不但为语言学提供了现代化的研究手段,而且扩展了语言学的研究视野。因此,语言学家与计算机研究者加强合作与支持,才能促进隐喻研究的重大突破。

(二)隐喻知识库与英语教学

隐喻知识所提供的实例分析和分类帮助学生形成系统的理解和有序的逻辑思维,分清隐喻表述的各部分关系,代替死记硬背的学习方式,遵循有效的认知规律,从语言学习的根源和理论上整体把握,从而提高对语言深层次的理解,提高学习的效果,增强英语语感。隐喻的各种计算模型往往需要一个或多个知识库的支撑,这是由隐喻的认知性所决定的。知识库中除了三个例句,还给出了与 force 相关的隐喻类别(Related metaphors:related to Causes are Force)。指出了隐喻的源域(substance,contents,container,hitting)和目标域(force),另外还有简要分析的以帮助理解(note)。例句中都包含概念隐喻的影子。借助概念隐喻可以认识到隐喻表达形式的根源,将原本分散的形式内涵按根源进行归类。隐喻知识库所提供的概念隐喻系统使语言学习者了解到隐喻生成机制的原理,利用映射原理对知识系统分类整理。

第三节　基于提升课堂学习效率的大学英语教学方法

一、传统大学英语教学方法的特点和不足

（一）传统英语教学方法在听、说、读、写方面没有好的衔接

听、说、读、写是大学英语教学的四个有机组成部分，当前的大学英语教学中，这四方面很大程度上都是相互割裂的，以至于学生在听力课上只是纯听力训练，在阅读课上只是一味地读课文，而在口语和写作上经常无话可说。无内容可写。如果将这四方面的教学内容很好地结合起来，学生便能够将其在听力和阅读上所获得的信息结合自己的观点加以整理，自然会有话可说。有内容可写了。

（二）传统大学英语教学方法以语法解释法和翻译法为主，效果欠佳

大学英语是一门应用型课程，其最基本的要求是学生能够通过听力和阅读训练，学会高效率地吸收和处理信息，通过口语和写作表达信息，这决定了学生必须在实践中培养英语综合能力。然而，传统大学英语教学中，教师的满堂灌输占据了课堂大部分时间，学生缺乏时间进行有效的训练，致使他们即使听懂了也不会实际应用。在大学英语课堂中，很多教师遵循的教学模式仍然是解释课文语法，帮助学生翻译长句难句，或者让学生死记硬背课文内容。笔者在实践教学中发现，很多学生对语法掌握得非常清楚，但是在英语表达中仍然错误连篇。例如，两位老朋友十年后第一次见面，刚开始都没认出对方，等互报姓名后，其中一人感叹道："我都没有认出你！"在这种情景下，很多对时态非常精通的学生都会错误地表达为"I don't recognize you."这是因为学生在语法解释和翻译法的教学中，

只懂语法，而不知合理使用，只知按字面翻译而不知如何从意思上去理解。传统大学英语教学方法中，教师起着绝对的主导作用。

二、大学英语教学方法改革探索

（一）教学上应在听、说、读、写四方面进行有机整合

心理学家认为，知识的获取需遵循相应的规律，母语习得者之所以学习效率高，是因为其能够将所获取的信息进行统筹管理，分别储存于短时记忆和长时记忆系统中，无论是短时记忆还是长时记忆，有逻辑联系的信息回应能延长记忆时效，而且便于提取。笔者曾根据以上两点进行相应的教学改革，但是发现仍然有很多问题阻碍教学的顺利开展。最大的困难是学生英语水平有限，无法做到以学生为主体的教学模式，然而通过听、说、读、写四方面教学的整合，能够很好地解决这一问题。通过及时、不断地提取信息，记忆便能得到强化。因此，首先可以布置给学生预习任务，让学生通过网络教学系统学习相关的音频、视频和文章，在练习听力和阅读的同时对课文主题有一个很好的概念，且积累一些课上可能会用到的词汇、短语和观点。其次，由于学生课前的积累，在课堂上教师便能非常轻松地引导学生进行课文的学习和理解，并引导学生针对其内容发表自己的见解，课堂氛围和效果会得到很大的提升。最后，让学生在课后通过互联网查询支持自己观点的相关信息，最终在所学语法知识、词汇短语以及相关内容素材的帮助下写出与该主题相关的短小文章。通过听、说、读、写四方面的有机结合，得以很好地帮助学生建立自信，增加教学效率，提高学生的英语学习兴趣和动机。

（二）摆脱教师的绝对主导模式，实现以学生为中心的主题教学模式

"以学生为中心的主题教学模式"可以从听、说、读、写等方面围绕一个具

有逻辑关联的话题,学生以个体或团体形式进行训练,将其所学词汇、语法应用于学习训练,也可以通过这种教学模式,巩固加强学生对课文所蕴含知识的理解。认知主义心理学代表人物之一布鲁纳(J.S.Bruner)认为,学习是认知结构的组织和重新组织,学生知识的获得不是教师灌输给学生的,而是要学生自己主动去探索和发现。英语教学的过程理应是引导学生在课堂及课后进行有效的实践训练,提高信息吸收的效率,并将其所学语法知识通过反复练习训练成一种思维方式,从而提高英语表达的准确性和高效性。[①]传统教学主题内容过于空洞、乏味或绝对,致使学生无话可说,或者有话也懒得说、懒得写。很多教材的单元主题往往是校园生活、恋爱等已经被反复练习和论证的话题,学生已经对此产生了厌倦感,故而,对教学主题的选择,应该注重在知识上激发学生的求知欲,在内涵上值得学生深入思考,在争议上允许学生在适当范围内提出各种不同的观点。

(三) 改变传统的语法解释和翻译法教学

其实,很多同学对语法知识已经很是明了,但是使用起来便会出错。语法本就是种说话的规则,学完规则还不够,更重要的是学会如何应用规则,将规则训练成一种说话的思维方式。然而,我们传统大学英语教学只注重教学生规则,而不引导他们去应用规则,这显然是不科学的,也是导致现在很多学生英语表达能力弱的重要原因之一。因此,我们应该在传统英语教学方法的基础上,增加新的训练模块教学,引导学生将所学知识应用到英语实践中去,提高其英语表达能力。中国传统英语教学,从初中开始便特别注重语法教学,但经过初中、高中和大学的学习,很多学生的语法应用能力仍然很差。在2011年英语专业八级考试的21份试卷中,"汉译英"部分得8分以上的试卷只有19份,很多答卷语法错误连篇。例如,匆忙与休闲是截然不同的两种生活方式。有些人译为:Hurry and soft

---

[①] 汤闻励.非英语专业大学生英语学习"动机缺失"研究分析[J].外语研究,2012(1):70-75.

is two different life style 或者 Both busy and free are two different way of living，这两句是比较极端的翻译，完全没有顾及学了十来年的语法，还有很多答卷也或多或少有语法错误。

三、"后方法"教育理论的路线图

后方法时代外语教学思想认为没有一种现成的最佳方法可一劳永逸地用于教学，主张外语教学应摒弃传统教学方法思想束缚，从更广阔视角探求突破传统教学方法思想的教学新理念和新途径。它倡导最大程度上关注教师教学方法运用和支配自主性及创造性，主张由一线教师根据自身学习经历、教学理解及教学理念、风格和经验，进行自我观察、分析、评价，塑造并改进课堂学习，构建"由下至上"（down-top）适应具体教学情景、立足课堂教学的教学理论体系。"后方法"理论的提出者——美国学者库玛（Kumaravadivelu）据此初步构建起一个由特殊性（particularity）、实用性（practicality）、可能性（possibility）三个基本参数组成的第二语言教学和教师教育的三维系统，并勾勒了一幅"后方法"教育的路线图。

（一）实用性参数

实用性参数涉及范围更广，它直接影响到课堂教学中理论和实践关系的处理。在实践中，鼓励教师将个人实践理论化，再将个人理论用于实践，有助于教师理解和明确问题所在，分析和评价信息，对各方面进行考量和评估，从而选择最佳方案，并作进一步批判性评估。由此，实践理论便涵盖连续性反思和行动，教师领悟性和直觉力构成了实践性的另一方面。教师在实践中积累着某种无法用言语表达的感受与知识，在此过程中使有关最佳教学"意义建构"随着时间不断成熟。这种建构看似是本能的、独有的，但它是由主导微观课堂环境的教育因素和源自课堂之外的社会政治因素形成和建构的。因而，"意义建构"要求教师不仅将教育视为课堂中最大化学习机会的一种机制,同时也是一种在课堂内外理解和改变"可能性"的方法。从这种意义上讲,实用性参数便转化为可能性参数。

(二) 特殊性参数

特殊性参数要求任何相关语言教育须注意存在于特定社会文化环境中的教育机构特殊性及机构中教师以及学生的特殊性,还要注意学习目标特殊性。这种特殊性与包含一整套基础理论原则和普通课堂实践的既有的教学方法理论不同。从教育视角分析,特殊性既是目标也是过程,即在教育中我们要同时注意追求目标特殊性和教育过程特殊性。它是教学手段和目标的一种过程性发展。特殊性也是一种能力,可以用以衡量对开展外语教学当地的教育机制和社会环境特殊性的敏感程度。特殊性始于个人或集体教师,通过观察他们的教学行为,评价教学成果,辨识教学问题,找出解决办法,从而进一步尝试分析可行与不可行的方法。由此,观察、反思和行动构成的连续循环为环境敏感性教育理论和实践发展提供了前提。特殊性深刻蕴含在教学实践中,没有教学实践也就无法实现或理解特殊性,因此,特殊性与实用性参数亦相互交织。

探索更加适合非英语专业学生的英语教学方法,在短期内通过教学改革提高学生的听、说、读、写等基本能力,在长期内提高学生的英语综合素养。

第四节 大学英语教学方法中的情境英语教学法

在我国的大学教学工作有效开展的过程中,一直都在追求创新。因此我国的大学英语在教学的过程中也在进行不断地摸索和创新。使大学生产生仿佛置身于英语世界的感觉,在轻松、愉快的环境中积极地学习。根据实际的教学经验来分析,在大学英语教学的过程中,情境英语教学法是一种非常适用的教学方法。本节主要针对大学英语教学方法中的情境英语教学法的相关内容进行阐述。

在大学英语教学的过程中，情境英语教学法主要就是根据学生在英语学习过程中的心理特征以及年龄的特点，进行针对性的教学，我们在英语教学的过程中针对性地指出反映论的具体认知规律，同时在英语教学的过程中结合相应的教学内容，有效地应用形象内容来对英语教学情境进行创设。这样能够让较为抽象的英语教学语言成为生动的可视英语语言。通过情境英语教学方法让学生在学习英语课程的过程中更加深刻地了解英语思维、英语口语以及英语感知。根据实际的情境英语教学方法来分析，情境英语教学方法的主要特点如下：能够有效地融合语言、行动以及创设的情境，让英语教学更加的直观、更加的趣味以及更加的科学。目前情境英语教学在我国的大学英语教学中已经在逐渐的应用以及推广过程中，根据目前的情况来看，效果非常明显。因此情境英语教学方法也为我国的大学英语教学带来了非常积极的效果。

一、在大学英语教学中情境英语教学方法的主要理论来源以及相关依据

（一）情境英语教学方法理论的具体来源

在教育领域中，情境教学这一理论在 20 世纪 70 年代就已经提出并且应用，目前情境教学模式已经成为语言课程教学工作过程中的一项基本的教学理论以及发展方向。我国情境教学的主要来源在于结构主义教学语言理论。这一理论认为如果我们认为口语为语言教学的基础，其教学结构的核心必然是语言的表达能力。我们在语言教学的过程中，就是在为学生创造有效的学习语言的条件，让语言学习的方法同以后的交际实践有效结合。① 在语言教学的过程中，我国的大学语言教学中的英语教学占有非常大的比重，英语教学在实际的教学工作中就是让学生学习语言交流能力的过程，大学生在学习英语的过程中，能够根据学习的过

---

① 李艳，韩文静.孔子因材施教的教育思想简述[J].吉林教育学院学报，2008（4）：39.

程以及学习的积累对英语的语言知识以及语言技能，英语的特点进行详细的了解和掌握。

（二）情境英语教学方法理论的相关依据

在大学情境英语教学的过程中，教学依据主要有三个。首先是我们在情境英语教学的过程中，要根据大学生的年龄以及心理特点进行针对性的情境英语教学。目前的大学生在年龄分布上以90后居多，但是其中不乏00后，这一年龄段的大学生在对知识的渴望上非常积极，具有很强的知识求知欲望。情境英语教学方法正是有效地利用了这一特点来对大学生的创造能力以及形象能力充分的挖掘并且调动起来；其次是我们在情境英语教学的过程中要掌握英语语言学习中的习得规律。大学英语的教学工作并不是从语法以及单词上进行知识的掌握，英语教学的重点应该是让学生在英语语境中习得，让学生在英语应用中习得；最后是我们在情境英语教学的过程中要有效依据大学生的实际学习规律进行教学工作。我们在进行情境英语教学的过程中能够通过情境再现，有意识地对大学生的英语学习积极性进行调动，能够有效挖掘出大学生学习英语过程中的心理活动，这样才能够有针对性的让大学生在一种较为轻松的环境下学习英语，在一种愉快的环境下学习英语，能够充分地发挥出大学生的学习积极性以及学习创造能力，让大学生在情境英语教学的过程中全身心地投入到英语教学活动中。

二、大学英语教学中情境英语教学方法实施过程中的主要作用

（1）情境英语教学方法能够有效地适应并且迎合当代大学生的认知学习规律，能够有效地提升大学生的课堂教学效率。

在教学工作中，要充分认识到兴趣是最好的老师这一教育理念。目前我国的大学生以90后、00后为主，这一年龄段的学生在知识面上、在信息的获取上、

在性情的开发上都有非常大的优势。根据大学教学工作的总结来分析，目前大学生的主要特点是有主见，在知识接受上很难实现强制性的教学，同时对于灌输式的教学模式也非常排斥，更加重视自身对于新鲜事物的感受，能够很快接受新鲜的事物和知识，但是其承受能力较差，面对挫折时容易产生悲观情绪。我们在英语教学的过程中要充分了解和掌握目前大学生的特点，在英语教学中应用情境英语教学的方法能够有效地引导大学生的积极性和主动性，能够让英语教学在一种轻松的环境下进行，这样的英语教学方法就从根本上改变了原有的传统英语教学和方法，在很大程度上提升了英语教学工作的教学质量和教学效率。情境英语教学法在实施的过程中，我们可以通过模型、图片、实物等方式，充分利用表情、手势以及相关的动作来进行英语的情境教学。在情境英语教学的过程中，我们常用的辅助教学工具为计算机，通过这一教学辅助工具能够有效实现英语教学内容的扩大化、信息多样化、趣味化。目前在大学英语教学的过程中网络以及多媒体的应用更是丰富了情境英语教学工作的教学内容，让英语情境更加生动以及形象地展现在学生面前，更加具体地展现了英语教学情境，有效地提升了大学生的课堂教学效率。

（2）情境英语教学方法能够让大学生在学习英语的过程中养成勤于动脑、敢于开口、乐于动手的学习英语习惯。

根据相关的数据统计，我国的大学生有很大一部分在大学时期就已经通过四级考试以及六级考试，这能够从一方面显示出目前大学生有一定的英语水平，但是实际上在现实的生活以及日后的工作过程中，很多的大学生都会有不敢开口、不会书写的问题，这一问题的出现不仅仅是学生自身的问题，同时也是我国大学英语教学工作的问题，是我国大学英语教学应该重点改善和处理的问题。目前我国的英语教学在进行的过程中没有给大学生有效搭建起口语交流以及书写交流的教育交流平台，没有在英语教学之外创设实际演练场景，造成了这一问题。但是随着情境英语教学的逐步开展和实施，这一问题得到了很好的处理，就目前的情况来看，教学效果还算喜人。

（3）情境英语教学方法能够有效地丰富大学生的课外生活以及互动，能够让英文教学以及学习有效的延伸。

语言是交际的工具，它具有实际性和交际性。实际生活水平是语言学习的试金石。英语的情境教学的时空必须由课内延伸到课外，把学习迁移拓展到我们的生活中。大学教师要设法增加大学生的语言实践机会，帮助大学生在实际生活中创造英语环境，鼓励大学生大胆开口，敢于大声和老师用英语打招呼、交谈。鼓励他们尽量用所学的常用表达方式和同学相互问候、对话。除了上述的三点之外，情境英语教学方法能够在很大程度上推动大学英语教学的教育改革，能够完善英语教学的教育模式。

在英语教学中运用情境教学，既能活跃课堂气氛，激发大学生的学习兴趣，锻炼大学生的语言能力，又能培养大学生的思维能力和空间想象能力。使大学生产生仿佛置身于英语世界的感觉，在轻松、愉快的环境中积极地学习。从而为大学生在以后的工作中应用英语奠定良好的基础。

第五节　构式语法与大学英语教学方法创新

认知语言学是产生于20世纪80年代后期，在反对主流语言学转换生成语法的基础上，融合了语言学、心理学、人工智能等多领域的知识而逐渐形成的一门语言学分支学科。随着认知语言学的发展，相关研究增多，开始出现一种新的语法理论，即构式语法。虽然构式语法没有脱离认知语言学的范畴，依旧是批判形式语法，但其强调语用和功能，基本可以看作是一种新的研究学派。构式语法最早由外国提出，国内起步较晚，且最开始用于研究汉语特殊句式。随着世界一体化格局的形成，英语越来越重要，相关教育研究备受重视，各种创新层出不穷，构式语法具有很强的实践性，与国人的认知心理相符，在英语界迅速传播，到今天已成了一种很重要的语言研究方法，对促进大学英语创新发展有着重要指导意义。

一、何为构式语法

（一）概念

从构式语法的形成来看，其可分为几个阶段，如 Bloomfield 提出的 construction，指的是抽象意义上的构造形式。后来，Lakoff 开始使用"语法构式"一词，基本可看作是构式语法的初期阶段，而且他间接表明了构式是形式和意义配对的理念。20 世纪 90 年代中期，Goldberg 给出的定义在界内最流行，认可程度最高，即当且仅当 C 是一个形式——意义的配对〈F_i，S_i〉，且形式 F_i 的某些方面或意义、S_i 的某些方面不能从 C 的构成成分或从其他已有的构式中得到严格意义上的预测，C 就是个构式。2006 年，Goldberg 对此概念做了修改，"任何格式，只要其形式或功能的某一方面不能超过其他构成成分或其他已确认存在的构式预知，就被确认为一个构式"。

从其概念中可发现，构式语法强调形式和意义之间的配对，而且构成的部分不能推导出整个构式的意义。①换句话说，构式是一个整体，除了具有其成分的形式和意义外，还有延伸的形式和语义，取得的是"1＋1＞2"的效果。

（二）特点

在构式语法被提出之前，生成语法十分流行，其认为组成格式的词汇的意义组合决定了格式的全部意义。也就是说，句子有意义，但句子格式没有意义。而

---

① 刘英爽. 国际化背景下大学英语跨文化教育的瓶颈和转型趋势 [J]. 教育评论，2016（7）：115-117.

构式语法则对此提出了反驳,认为句法格式本身也有独立的意义,不同的句法格式具有不同的构式意义。另外,构式语法也反对模块论。模块论是一种自下而上的研究方法,可概括为"词素—词—词组—短语—句子"的程序,需要先研究词汇,进而推导句子和篇章的意义。构式语法则相反,采取的是一种自上而下的研究方法,把句式看成是整体结构。比如,一些图式结构、半固化块状结构,并没有语法规律可言,最好的方法就是以整体的形式存储在记忆中,需要时可直接提取使用。可见,语义和语用在构式语法观点中不可分割。

(三)教学内容

构式语法的教学内容包括形式和意义两大部分,前者具体是指形态、语音和句法特征,后者具体是指语义、语用和语篇功能。总之,构式语法着重于语言的功能性研究,形式和意义(功能)之间存在的对应关系,即象征对应连接链。

比如,"What a clever girl!"是一个常见的感叹句构式,由"what""a""clever""girl"四个词汇构成。其实,这是个省略句,整句应该为"What a clever girl she is!"按照构式语法加以分析,整个构式表达的意义不是某个组成部分所能概括的,也不局限于句子本身的语义,还有延伸出来的部分。我们可以翻译为"她是个多么聪明的女孩啊!"或者直接译为"多么聪明的一个女孩"。但受语境的影响,其语用特征并不相同,既可以表达真切的夸赞,又可以表示是超乎预期想象而发出的惊叹,甚至可以在反语语境中出现。

二、构式语法对大学英语教学方法创新的启示

(一)理念和理论的创新

树立创新意识,转变英语教学理念。构式语法是对转换生成语法、模块论等传统语法理论的批判,强调语言的形式和意义是一个整体,不能分割,一旦分隔

开,就无法表达出原来的效果。同时,对过去自下而上的研究方法进行改善,施行自上而下的教学模式。教师应抛弃过去通过分小类和分析词类序列区分和教授不同句式的教学方法,向学生强调句式整体意义的把握,寻求形式与意义的同时习得。将构式作为整体来教,鼓励学习者同时注意形式和意义,一并输入构式的音系、句法和语义特征;英语教学应该从过去强调句式形式的教学法过渡到强调把握句式的整体意义的教学法,实现自上而下的讲解与自下而上的总结相结合,归纳教学法与演绎教学法并重。

(二)遵循由易到难原则

人们在认识世界的过程中,总是遵循由易到难、由表及里的原则,先了解表面和普遍性,随着积累和感悟的增加,才能发现更多问题,进而深入探究,逐步加大难度,使得知识的广度和深度都在不断拓展。

构式语法有难易等级之分,在复杂的构式语法中,常常有子构式、母构式。如果有多个母构式,由于特征不同,极易产生冲突,最终体现在具体的构式中,即子构式。以双及物构式为例,"What did Lucy give his brother?"按照正常句式,双及物的宾语应该在动词之后,而在特殊疑问句中,原来的宾语做主语,则放在句首。

在语言学中,形式有无标记、有标记之分,前者指的是共通的特点,后者侧重于特殊情况。而且,后者的学习难度要高于前者,形式相对较为复杂,在实际中使用频率低。所以,教师在教学过程中要遵循此类原则,从简单开始,逐步增加难度;从无标记形式学习开始,慢慢过渡为有标记的特殊形式。

(三)形式意义同等重要

与转换生成语法等传统理念不同的是,构式语法强调形式和语义的结合,两者之间存在某种对应关系,不同的形式会导致语义上的差别。在大学英语教学中,应把形式和意义放在同等重要的地位,注意两者的匹配。

以直接和间接转述的构式为例，即便表达的意义相同，在结构形式和语用功能上也有着很大差异。看下面两个构式句子：

I asked my mom where she would go next month.

"Mom, where are you going next month?" I asked.

可见，直接转述和间接转述的形式、语用都不同，前者的重点在于发音和措辞，后者的重点在于表意，是令听的人明白自己的语义。

（四）导入背景文化知识

前面已经提及，构式语法属于认知语言学的范畴，人们的语言能力是认知能力的一部分。学习英语的过程中必须有足够的语言输入，加上自己的认知和体验，才能逐步掌握这门语言。在英语中，有很多特殊句型和固定短语，往往并没有传统的规范性的语法规律，很难用已有的理论分析。即便在教学中，教师也常常会以"这是固定用法"为借口。所以，学习语言其实就是一种认知活动，面对无规律可言的句式，便需要记忆背诵，存储足够的语言输入，需要时直接使用即可。

大学英语很容易忽视英语背景文化知识的导入，任何语言都是在一定的社会文化环境下形成并发展起来的。英语也不例外，在教学中应注重文化背景的介绍，鼓励并引导学生了解足够的国外文化历史、风俗习惯等，这样再遇到俗语、俚语、谚语时，才能正确理解其意思。教师可推荐一些英文歌曲、英语字幕的电影，阅读介绍西方国家历史文化的书籍杂志。

（五）母语和英语的对比

汉语是我们的母语，英语作为第二语言，一些大学生往往觉得很难。随着教育改革的深入，很多新方法、新理念相继提出，关于母语和英语关系的研究越来越多，希望能够找到最高效的途径，尽快提高学生的英语应用能力。在这种背景下，容易出现两种极端，一种是以母语为本，用母语教英语，结果出现了汉式英语。

如"不管怎么说，我已经赢了"翻译为"No matter how to say, I win already"，而实际上英语应该表达为"Anyway, I have won"。另一种是太过注重英语，甚至要求学习过程中忘记母语。这种观点显然不合理，而且不太可能实现，我们生活在母语环境中，每天都在用母语跟人打交道，岂会说忘就忘？

笔者认为，最好的教学方法是将两者进行对比，把它们之间的异同点讲清楚，这对学习母语和英语都大有益处。因为我国和西方国家历史文化背景不同，语言系统的形成、演变和发展有着很大差异，如汉语中没有冠词，表示数量多时不用衍生词缀。举个简单例子，汉语中习惯说"两头猪"，但英语只需翻译成"two pigs"，而不能译为"two head pig"。

此类差异很多，在不熟悉英语构式语法之前，不能盲目地将其套用在汉语结构中，也不能用根据汉语的句式结构直接翻译。所以，教师必须重视两者的对比，既要了解汉语言系统，又要学习英语语言系统，如此才能降低语法错误率。

构式语法对传统的模块化理论加以批判，强调构式的完整性，形式和意义两个构成部分应该结合，不能分割。因为研究的是语言形式、语义和功能的结合，所以在抽象句型中能够加大解释力度。总之，构式语法为英语教学和英语理论研究指明了新方向，具有很多优势，可以在大学英语教学中加以借鉴，如转变教学理念、重视中英文对比等。但同时，构式语法存在局限性，如构式数量太多、构式间的联系容易被忽略，这说明今后还需加强此方面的研究，大学英语教学方法也应不断完善。

第六节　"互联网+"背景下的大学英语教学方法

随着科学技术和智能手机的高速发展，互联网慢慢走进人们的生活，人们的生活已经离不开互联网和智能手机。"互联网+"是一种新兴教学模式和方式，越来越受到人们的欢迎和青睐。"互联网+"教学模式和传统的教学模式有很大的不同,充分利用学生们的课余时间,既让学生在网络平台上学到知识,也能够让学习变得更加灵活,让学生对学习产生更多兴趣。因此,本节对"互联网+"背景下的大学英语教学方法进行研究,对这种新型的学习方法进行探讨,并研讨怎样使"互联网+"教学方法得到更大的提升,从而为学生的英语学习提供更好的服务。

一、"互联网+"在大学英语教学中的优势

在新课改的大背景下,大学英语的教学课时被严重压缩,由于不同的学生对英语教学的需求不同,学生自身学习英语的基础和能力也不尽相同,知识结构不够全面,而使这部分学生的英语学习得不到满足,影响了这部分学生学习英语的积极性,从而不能让这些学生的英语成绩得到相应的提高。

(一)"互联网+"有利于提高大学生英语写作能力

大学英语的学习方法和高中初中英语的学习方法是完全不同的。在中国初高中教学中,由于受到应试教育的影响,教师最重视的是提高学生的学习成绩,所以在教学中以词汇教学为主,语法教学为辅,写作在考试中所占的分数较少,所以往往不是初高中英语老师的教学重点,这就导致了"英语写作"成为很多学生的学习短板。但是大学英语教学中,由于四六级考试及学生未来就业的要求,所以对学生的英语写作能力要求较高。[1] 在大学英语学习中,展开"互联网+"的大学英语教学方法,老师可以在有限的课堂教学中对大学英语写作的技巧进行讲解,然后可以通过"互联网+"给学生布置英语写作作业,让学生利用网络完成写作作业。"互联网+"英语写作平台很好地弥补了大学老师不能一一修改学生

---

[1] 王汉英,胡艳红,徐锦芬. 美国康奈尔大学外语教学观察与思考[J]. 教育评论,2015(7):165.

作文的缺憾，可以让学生利用互联网经常写作文、改作文，达到提高大学生英语写作水平的目的。"互联网+"的出现满足了大学生对英语写作的学习要求，提高了学生学习英语的积极性，用灵活的教学方法提高学生们的英语写作能力。

（二）"互联网+"有利于提高大学生英语阅读理解能力，增加学生词汇量

我国初高中英语成绩的提高主要以语法和词汇量教学为主。但是，在初高中阶段，学生英语的词汇量非常有限，到了大学之后初高中积累下来的英语词汇量远远不能满足大学英语的学习，大学更加偏向于应用型英语的学习。在大学学习阶段，英语阅读是增加学生词汇量的最佳方法，因此英语阅读和词汇学习是相辅相成的。然而，大学英语教学上课时间非常有限，不可能让学生在有限的课堂上做大量的阅读理解。"互联网+"的出现，完美地解决了这个问题。学生利用大量的课余时间利用"互联网+"进行英语阅读，一是能提高学生的阅读理解能力，二是在做阅读的同时增加了学生的词汇量，这样有利于大学生的英语学习，大大提高了大学英语四六级的通过率。随着全球经济一体化和科技的迅速发展，英语作为国际通用语言，起到了越来越重要的作用。因此很多工作单位在选拔人才时，很看重大学生的英语成绩。因此利用"互联网+"提高阅读能力和增加大学生的英语词汇量就变得尤为重要。

二、"互联网+"背景下大学英语教学模式的开发与实践

"互联网+"主要分为网内资源和网外资源两种方式，这两种方式各具特色。在大学英语教学工作中，只有将这两种教学方式相结合，才能对大学生的英语学习产生最佳效果。在许多地方高校大学中，对各类资源都实行了信息化的管理，学校的内网服务器中也存在着大量的英文阅读文档，使学生在查阅的时候容易寻找。相对于外网资源来说，内网资源中的阅读文档更适合于正处在英语学习阶段

的大学生进行阅读，而且每篇文章的后面都附有阅读作业，可以使学生进行有针对性的学习与训练。"互联网+"网外资源更加丰富，现在有很多利用互联网教学的方式，如对于英语教学来说，大学生可以利用QQ和微信等资源与英语老师积极地进行学习交流，有不会的问题或者学习英语方法有问题可以第一时间和老师取得联系并讨论；有很多词汇软件，里面内容丰富精彩，例如，"有道""牛津"等在线字典除了给学生提供查单词的功能之外，还有很多新功能，如"每日一句""美文鉴赏"等，给学生提供了丰富多彩的学习方法；现在在"互联网+"的支持下，产生了很多的大学英语教学直播平台，大学生可以通过网络直播学习英语，也可以课后下载观看，可以让大学生利用闲散的课余时间，加强对大学英语的学习，这些"互联网+"背景下的大学英语教学新方式是英语课堂教学很好的补充。

全球进入了网络时代，教育改革引发了大学英语教学的不断改变与更新，"互联网+"作为一种新兴教育模式正在受到越来越多的重视与追捧，它着重培养大学生在英语听、说、读、写等方面的学习，提高了大学英语的教学效果，"互联网+"背景下的大学英语教学的新时代已到来！

第七节　在创新创业背景下浅谈大学英语的教学方法

随着经济的进步和科学技术的发展，当今社会教育行业的竞争十分激烈，因此社会需要的是高素质的优秀人才、全面发展的人才。自毕业考试实施以来，考试的压力使传统的教学模式在大学时期尤为突出，并且还极大地削弱了学生学习英语的积极性和自主性，从而导致学生的实际应用能力得不到提高。

一、创新创业背景的特点及其优势

创新创业教学法，它是融合了探究教学法、任务驱动教学法及案例教学法等等多种教学法的特点，并且以行动作为导向的一个学习过程。因此在项目教学法中，教师已经不再只是知识的传授者和灌输者，而是学生在学习过程中的引导者、指导者和监督者。引导学生走在健康的人生道路上，指导学生运用正确的方式方法，达到事半功倍的效果，监督学生的日常生活与学习。同时教师还可以将与主题有关的各种项目纳入学习者的知识构建体系的过程，从而构建一个全面系统的知识体系。而学习者还可以以小组合作和个人探究的形式将理论应用到实践中，从而进行"意义建构"。这种自主地进行知识的建构，不仅锻炼了学生的各种能力，还能获得知识与技能。在老师的引导、指导和监督下，让学生自己积极地去探寻知识，在这个过程中，锻炼他们各项能力。

二、创新创业在大学英语学习中的应用

（一）大学英语新课标的教学目标

根据大学英语教材的编写，大学英语课程是以应用为目的，培养学生的实际应用能力包括听、说、读、写的专业能力和合作探究的基本能力等。

例如，人教版大学英语教材中有三个单元，而每个单元又有六个板块，每个板块都有不同的目标。单元的第一个板块是 Welcome to the unit。像这一部分有生动图画和相关的问题的内容，可以激发学生已有的与本单元有关的知识，从而让学生能够轻松地学习本单元的知识，顺利地构建本单元的知识。这一部分知识还与实际生活和发展息息相关，从而可以锻炼学生的口语表达能力。接下来的板块是 Reading，这一部分的内容是学生接受语言信息的关键环节，有助于学生掌握英语阅读技巧、提高英语阅读能力。学生通过大量的课外或者课本中的阅读能

够了解到更多新奇的事物、学习到新的文化。学生还可以通过合作讨论，提高解决实际问题的能力，并且让学生有机会感受真实、地道、优美的英语，让学生了解到现实生活和社会发展中的方方面面。

（二）项目教学法在高中英语教学中的应用

（1）首先，要分析教学目标，确认项目的任务；大学英语教学其实重点就是要掌握并学习好基础知识，然后提高听、说、读、写等这些专业能力和实际应用能力。从上面的叙述中可以把每个单元看作一个总的项目任务，然后确定任务，如教师对所需要完成的语言知识、背景知识来进行简单的输入，然后经过讨论、分析出项目学习目标和需要解决的问题。[1]因此在这样的课堂上，教师不再是知识的灌输者，而成为学生学习过程中的引导者、指导者和监督者。

（2）其次，根据项目任务，制订项目计划；学生在明确了教学目标之后，根据项目任务，分组讨论并制订出一份合理的、完整的、可实施的项目计划，从而确定工作步骤和工作程序。比如，人教版高中英语 Project 这一部分中，学生根据项目任务，可以制订项目计划为第一步是分组先阅读 Project 的两篇文章，结合本单元的内容进行分析得到启示；第二步是每组选择适合自己的主题；第三步每组为自己的报告收集资料；第四步每组的报告要发给老师并予以指导；第五步在英语教学课上，每组代表要上台展示自己的报告，其余小组给予评价；第六步学生进行自我评价、自我分析、自我检索、自我提升。这样的教学方式不仅充分调动了学生的积极性和自主性，而且锻炼了学生的各项能力，促进了师生之间、学生之间的交流。

（3）最后，分成项目小组，实施项目计划；在确定项目任务，根据项目任务制订项目计划之后，学生就可以成立项目小组共同实施项目计划。但是需要注意的是每个组都要有一个组长，组里成员也都要有明确的分工，以防混乱，导致耗时耗力。

---

[1] 秦秀白，张凤春.综合教程3○学生用书○[M].上海：上海外语教育出版社，2014.

总之，在创新创业背景中，英语学习过程成为英语学习者的参与创造实践活动，注重的并不是最后的结果，而是中间的过程。学习新知识的乐趣，完成项目任务的成就感，体验创新的艰辛和快乐，同时也培养了自身分析问题和解决问题的思路和能力。项目教学法，在大学英语教学中的作用巨大，为学生们以后的英语学习打下了坚实的基础，这种教学方法还对学生的考试有很大的帮助，推动了英语教育事业的发展。

第四章　中国文化与英语教育研究

第一节　中国语境下的大学英语文化教学

从我国大学英语文化教学的现状出发，分析导致"中国文化失语"及文化教学生态失衡的原因。从文化教学理念、英语教材建设、英语课程设置和文化教学方法四方面研究解决对策，以期为我国大学英语文化教学提供借鉴和参考。

一、中国语境下的大学英语文化教学现状及成因

目前，在我国大学英语教学中，目的语文化的输入已得到了普遍重视，但本土文化的输入一直处于边缘化，导致大学英语文化教学的生态失衡。尽管从2013年起在全国大学英语四六级考试中增加了对中国历史、文化、经济、社会发展等知识汉译英的考查，目的是让高校英语教师切实重视起本土文化及其相关英语表达在文化教学中的意义和作用，但从考试结果来看，汉译英部分学生的得分率一直偏低，考生答卷上经常会出现各种令人哭笑不得的"神"翻译；从文化教学的角度来看，许多教师对于在大学英语课堂进行本土文化教学仍然重视不够且对于培养学生跨文化交际能力缺乏行之有效的方法。

大学英语教学强调英美文化，忽视了母语文化，导致"中国文化失语"现象，其原因是多方面的：

首先，从传统观念的角度，大学英语课往往被定位为对主要英语国家语言和

文化进行学习的课程，并不把中国文化及相关英语表达作为英语课堂学习的主要内容，且以往研究也表明母语对英语语言学习有一定的负迁移作用，而强调应"沉浸"在英语语言环境中学习语言和文化，这加剧了"中国文化失语"问题。

其次，从英语教材的角度，大学英语教材的内容多是以英美国家的文化为背景，对中国文化介绍很少，对中西文化的对比研究更少，尤为欠缺的是培养学生用英文表述本土文化的能力。这就使得英语教师即使想进行本土文化教学，但缺乏合适的教材为依托，可利用的教学资料比较有限。

再次，从教学环境的角度，我国高校大学英语课班级学生人数较多且学生英语水平参差不齐，课时也在不断缩减，在这种情况下，大学英语教师忙于完成基本的教学任务，对于培养学生中国文化素养及中国文化英语表达心有余而力不足。

最后，从教学方法的角度，如何在英语课堂导入中国传统文化及其英语表达，如何使中西文化在英语课堂生态环境中和谐共生、相互促进，如何培养学生成为学贯中西的跨文化交际者，缺乏具体可行的教学方法和措施，这也是导致中国语境下大学生跨文化交际中"中国文化失语"现象的因素之一。

二、中国语境下的大学英语文化教学策略

（一）改变传统的外语教学观念，确立中西文化互利共生的大学英语文化教学理念

在大学英语教学过程中，让学生学习用英语认知中国文化、用英语表达中国文化、用英语比较中西文化，使其对这两种文化的认识在深度和广度上达到新的水平。因此，大学英语文化教学应该具有学习西方文化与弘扬中国文化的双重属性。

大学英语文化教学培养的学生应具备了解西方主要英语国家文化并能用英语表达的能力，还应具备熟悉中国本土文化并能用英语表达的能力。换句话说，从

文化教学的角度来看，学生所需具备的跨文化交际能力应该是一种"双文化交际能力"，即当学生无论是在面对本土文化、西方文化还是中西文化交融的复杂情境时，所具备的用英语进行交流和解决一系列跨文化交际问题的能力。因此，教师应树立中西文化互利共生的大学英语文化教学理念，突破以往英语课堂以西方文化为主的教学思维定式，有意识地把中国文化及相关英语表达引入大学英语课堂，并引导学生与西方文化进行系统的对比分析，发挥本土文化在大学英语文化教学中的正迁移作用。这样，不但能够增强学生学习英语语言和中西方文化的兴趣，还能在潜移默化中培养学生的多元文化意识和跨文化思辨能力。

（二）编写或挖掘大学英语教材中的中西文化元素，加强英语课堂多元文化教学建设

当前，许多高校使用的大学英语教材涉及的内容以英美国家文化为主，中国文化元素在英语教材中很少涉及，这也导致英语文化教学变成了单一的西方文化教学。如果不从教材、教学内容上进行改革、创新，英语课堂多元文化教学是不可能实现的。

为了改变目前文化教学中出现的中西文化失衡现象，编写或挖掘大学英语教材中的中西文化元素，加强英语课堂多元文化教学建设势在必行。一方面，大学英语教师可以组建科研团队，以大学英语教学大纲、已出版的与中国传统文化相关的英语读本、各高校制订的人才培养方案等为依据编写体现中西文化兼容并蓄的大学英语教材。编写的教材每一个单元都应有一个鲜明的文化主题，内容应既涉及表达中西文化的英语语言的学习，又涉及对中西文化内涵的学习及中西文化的对比分析，从而使英语课堂多元文化教学有"抓手"。另一方面，如果不具备编写教材的条件，大学英语教师可以充分挖掘现有教材中的文化元素，整理教材中每个单元体现的文化元素作为课堂文化教学的主题，有意识地引导学生围绕单元文化主题进行中西文化内涵及相关英语表达的学习，尤其要重视中国本土文化

及相关英语表达的学习，促成中西文化在大学英语课堂的有机结合，真正实现英语课堂多元文化教学。

（三）依据各校实际情况，开设跨文化交际课程或与中国文化相关的英语选修课程

高等学校大学外语教学指导委员会研究制定的《大学英语教学指南》中明确指出："跨文化交际课程旨在进行跨文化教育，帮助学生了解中外不同的世界观、价值观、思维方式等方面的差异，培养学生的跨文化意识，提高学生的社会语言能力和跨文化交际能力。"尤其在国家实施"中国文化走出去"的背景下，高校开设跨文化交际课程或与中国文化相关的英语选修课程具有重要的现实意义和战略意义。

高校可以依据自身实际情况进行大学英语课程设置方面的改革或调整，可以在第三或第四学期开设跨文化交际课程，取代传统意义上的大学英语课程。这样，教师进行中西文化教学的课时会更有保障，从而使文化教学内容更全面、具体，同时，学生对于中西方文化及相关英语表达的学习也会更具针对性。高校也可以积极鼓励教师申报与中国文化相关的英语选修课程，作为大学英语课程的有益补充或后续课程，目的是进一步提升学生的本土文化英语表达能力和跨文化思辨能力。需要指出的是，语言始终是外语教学的重心和归宿，但文化的引入绝不是英语教学核心的转移，而是英语语言教学取得成效的促进因素，是语言教学的深化。此外，大学英语教师要确立"从文化的角度教语言"的英语教学指导思想，不断提高自身的中国文化修养和中国文化英语表达能力，从而切实胜任跨文化交际课程或与中国文化相关的英语选修课程的教学工作。

（四）综合使用多种教学方法实施英语课堂文化教学，激发学生的求知欲和学习兴趣

要想解决学生中普遍存在的"中国文化失语"现象，提高学生的跨文化意识

和能力，英语教师在课堂中采取何种教学策略非常关键。"文化"本身就是一个很抽象的概念，如果教师只是平铺直叙地告诉学生有关中西文化及相关英语表达的内容，而未能调动学生的主观能动性和参与性，那么教学效果就会大打折扣，甚至会导致部分学生对语言和文化的学习产生"畏惧"心理，结果适得其反。

可以说，文化教学比单纯的语言教学难度更大，更需要英语教师在综合考虑学生英语语言水平、中西文化素养、跨文化交际能力等的基础上灵活使用多种教学方法开展英语文化教学，使学生对语言文化的学习一直保持一种求知欲和亲近感。在大学英语文化教学的过程中，教师可以采用讲授式、情景式、探究式、体验式、任务型、交际型、合作型等多种教学方法进行中西文化及相关英语表达的教学。多元化的教学方法既可以丰富教师进行文化教学的手段，又可以充分调动学生的主观能动性和学习兴趣。此外，文化教学应以文化产出为导向，积极鼓励学生及时产出学到的中西文化知识及英语表达。学生不再单单学习课文，而是以课文为手段来学习用英语完成产出任务。例如，课堂上教师可以创设各种交际情景，引导学生用课堂所学英语语言文化知识进行情景对话或跨文化交际，这样，学生在进行语言和文化产出的过程中能够更真切地感受到语言和文化的魅力，并且对所学语言及文化知识有更深刻的认识和理解。

在大学英语教学中，跨文化交际必须以中国文化为基础，只有在深入了解本民族文化的基础上，学习者才能对目的语文化进行深入剖析，然后取其精华、互通有无。因此，大学英语文化教学要处理好本民族文化与目的语文化之间的关系，让两种截然不同的文化在英语课堂相互融合、相互促进、相辅相成，尤其要重视中国文化内涵及相关英语表达在大学英语文化教学中的意义和作用。只有这样，培养出来的学生才能成为真正合格的跨文化交际者。

第二节　中国文化元素与大学英语教学

大学英语教学中，无论是教材的编写还是教师的课堂讲授，重心都放在学生英语语言能力的提升和西方文化的学习上，中国文化元素不足。一些学生在跨文化交际时出现了"中国文化失语症"这一状况。为应对这一缺失，应在大学英语教学中融入中国文化。通过改编大学英语教材、开阔学生跨文化交际视野、提高英语教师本土文化修养和采取有效学习方法等路径实现。

当代一些中国大学生追捧西方文化，热衷于各种西方洋节，如情人节、圣诞节、愚人节、万圣节、母亲节、感恩节等，出现了一个荒诞的现象——忽视中国传统文化节日。这反映出一个问题，即在教育中忽视对学生进行中国文化教育输入。大学生能顺利地表达 Thanksgiving Day、April Fools' Day、Valentine's Day、Halloween 等西方节日，但在大学英语四六级考试中却出现了把"黄袍"翻译成"Yellow Clothes"，"皇家宫殿"翻译成"king's house are yellow"等闹剧。这正是从丛教授提出的大学生"中国文化失语症"（从丛，2000），即由于学生对中国文化内涵的英语释义掌握不足，在跨文化交际中出现交际失误，无法用合适的词语传递中国文化，导致交际失败，更引起外国人对中国文化理解的偏差。

随着"一带一路"倡议的推进，中国与世界各国交流更密，中国经济文化走出去的必要性日益凸显。在外语教育中，从 2013 年起，大学英语四六级翻译部分得到了改革，强调大学生对中国历史、经济、文化等中国传统文化的了解，侧重学生用英文将一小段反映中国文化的中文翻译成英文，并没有从根本上改变大学生的"中国文化失语症"局面。因此，在大学英语教学中，教师应加强引导学生理解掌握如何用地道的英文表达传统中国文化，用英语讲好中国故事，推动中国文化走向世界，最终实现中国文化走出去的宏伟蓝图。

一、"中国文化失语现象"产生的原因分析

（一）历史文化原因

自近现代以来，无论从经济发展还是科技创新来讲，和西方国家相比，我们还存在一定差距。在国际交往中，西方国家往往强势地输出他们的文化和价值观，中国文化没有得到应有的重视，说明我们有长足的进步空间可以开拓。

（二）教育环境问题

从宏观层面来讲，在大学英语通识课程中，教材的编写过于强调西方文化的输入，忽视中国传统文化的输出。为了实现教学目标，一些教师在课堂上花大量时间引入西方文化以帮助学生更好地掌握课文内容。一些教师在课堂上很少涉及如何用英文讲好中国故事，传播中国文化内容。从微观层面来讲，在课堂教学中，一些教师把大量时间和精力花在如何提高学生的听、说、读、写英语语言能力。学生无法在课堂中学会如何用英语表达本土文化。同时，部分大学英语教师跨文化交际的知识储备不足，对如何用准确的英文传递中国文化存在一定问题，更加剧大学生存在中国文化失语现象。

（三）学生自身文化认同不足

语言学家 Litterwood 提出，当学习者学习一种新的语言模式的时候，会在一定程度上降低对原本身份的认同感。在潜移默化中，他们逐渐接受了目标语的文化认知世界方式。中国文化博大精深，如果学生接触的都是老旧文化现象，那么在跨文化交际中，无法使用英语讲述中国文化。相反，他们轻易接受西方文化，甚至把某些西方的文化现象当成潮流和入时的代表。

二、大学英语教学中导入中国文化的实现路径

（一）选编中国文化导读内容进入大学英语教材

目前，在通识英语教材中，极少有反映中国文化的内容。教材编写时应注重引入西方文化，注入中国元素，如中国经典名著的英译本选读，如中国四大名著的经典章节选读，如《围城》经典章节选读。值得一提的是林语堂先生的《吾国与吾民》，该书深刻剖析了中国人的性格、政治、生活、社会，并与西方人及社会进行了广泛深刻的比较。通过阅读英译经典，学生们的英语语言能力既能得到提高，家国情怀又能得到提升。同时，既符合不同学生英语水平，又能反映中国传统文化和现代特色的中国文化概况教材应该被编纂，才能满足不同英语能力水平学生的需要。

（二）培养学生的跨文化交际视野

中国文化博大精深，在大学英语课堂介绍中国文化切忌将文化当成词汇、翻译等知识点对学生进行灌输。如果这样做，只会令学生对如何用英文讲好中国故事望而却步。即使他们在学习过程中掌握了一些与中国文化相对应的英语词汇，但在后续过程中学习者们也会由于没有了解中国文化现象的精髓而淡忘。相反，一个系统的大学英语课堂中国文化教学体系应该被建立。用英语讲述中国文化是希望通过培养学习者们的文化感性，提高中国的文化质量。因此，在讲述中国文化时，要深挖文化现象背后反映的基础思想和核心文化，还应将西方文化现象中的名人轶事和文化典故引入课堂，引导学生进行跨文化对比。

虽然文化本身并无优劣之分，但是教师要在鼓励大学生尊重外来文化的基础上提倡取其精华、去其糟粕。比如，讲到儒家思想时，核心思想是"仁、义、礼、智、信"，主张自立、助人、克制自身、明白是非曲直，这"五常"是做人的基本道德准则，并以此为原则，处理人与人之间、人与社会之间的关系。孔子主张

"克己复礼",在这种思想的指引下,中国人身上有一个突出特征即"恭顺谦卑"。与之对比,我们可引导学生了解深深影响西方社会的基督教文化,可谓是西方人的道德精神支柱。全世界通行的礼拜天(周日)是为了纪念耶稣复活设立的休息日。在这一天,西方许多教徒都到教堂朝圣,其中不乏国王首相及各界名流。在基督教的影响下,西方国家提倡"天赋人权""自由、民主、人权"等核心思想。但这种自由民主只能是一种基本的社会价值观,而非健全的社会核心价值观,在自由民主的背后带着明显的意识形态偏见,资本家们正是利用这些温情词汇掩饰其剥削掠夺的罪恶,为其获取巨大的经济利益。再比如,讲到中国的饮食文化时,切忌将饮食文化讲成知识性的导入,死板地介绍八大菜系的分类方法、色香味俱全的风味特点及英语表达方式。相反,我们可以引导学生通过小组自主学习方式挖掘中西方饮食文化差异,并在课堂上呈现。与注重"色香味俱全"的中国饮食文化不同,西方的饮食文化注重理性的健康饮食文化概念,西方人会科学地规定每日所需的维生素、热量和蛋白质摄取量,与营养相比,口味是屈居后位的。因此,在美国我们会发现牛排的口味和烹饪方法都是大同小异的,但它却会为不同目标顾客群体提供不同的牛排种类。比如,菲力牛排所使用的牛肉精瘦、嫩滑,但缺乏嚼劲,适合老人与小孩。与之相反的是肋眼牛排,它中间有脂肪夹杂,富有嚼劲、多汁,适合年轻男士,这也是他们理性饮食文化的一种体现。但在中国饮食文化中,"味"是被放在第一位的。我们注重食物的口感感性和搭配摆盘的艺术性,有时会出现过分烹调,失去食物原汁原味的状况。在这种情况下,我们要让学生学会西方食物的健康科学烹饪方法,用科学理性的态度完善中国饮食文化。

(三)提高英语教师的本土文化修养

要想改善学习者的"中国文化失语症"问题,大学英语教师首先应同时提高本土文化与西方文化的修养,使这两个知识体系有机整合,这样才能在大学英语教学中有意识、有自信地创设情境,引领学生掌握更多地道规范的中国文化英语表达方法。同时,教师还可以鼓励学生课后尽量多地观看与中国文化相关的英语纪录片作为补充,如《这里是中国》《鸟瞰中国》《美丽中国》《中国故事》《舌尖上的中国》,在观看过程中,记录与中国文化相关的英译词汇表达方法及核心思想,并通过小组讨论的方式,在课堂上进行交流、讨论、合作及总结,或者PPT 讲解呈现。在大学英语教学中,常用词汇和中国特色词汇的增添必定起到重要作用。

(四) 采取有效的教学方法

在大学英语课堂进行中国文化课程教学切忌以教师为中心进行满堂知识性内容的灌输。教师可以充分利用多媒体互联网络进行翻转课堂教学。课前通过学习教师精心制作的微课或慕课,让学生提前学习知识性内容,并完成相关的课前作业。微课内容的设计要遵循由简单到复杂、由基础的识记到高级的应用原则,既能激发学生的学习兴趣,又能使学习者将知识内化为能力并加以运用。这种课前自主学习方法与学习者们熟悉的预习不同,为学习者们搭建课前自主学习支架,有助于培养学习者的自主学习能力。翻转课堂强调学习者们的课堂参与,通过小组学习开展课堂活动。在课堂上,教师通过精心设计的一些活动与学生多元互动、答疑解惑,并进行师生、生生自评互评的形成性学习评价活动。在小组讨论、师生、生生的多元互动过程中,学习者们能完成对课前视频学习的融会贯通,内化提升,最终运用。课后,教师根据学习者对本单元的学习情况,在网络平台上设计相应的课后作业,学习者们通过网络平台完成任务并得到相应的评价。课后作业的设计应满足从难到易、从基础识记到高级应用的多层次原则。

综上所述,在大学英语教学过程中,教师应注重培养学生的英语语言能力,这是英语核心素养的基础,更要以英语语言作为文化的载体,进行跨文化交流。不仅要求学生了解西方文化,更应了解和掌握用英语传播中国文化的知识和能力,提升家国情怀,最终实现中国文化走出去的宏伟蓝图。

第三节 大学英语教学中中国文化的传播

英语学习的关键在于促进学生认识英语文化，引导学生在中西方文化对比中更好地克服语言障碍，促进学生掌握正确的对外交流方式，基于文化认同达到提高英语交流质量的目标。应当从提高我国多文化软实力和文化输出的视角开展高校英语教学。

本节分析如何在高校英语教学中传播中国文化，促进学生在中西方文化对比中学习英语知识，消除因为文化差异造成的英语学习障碍，达到提高高校英语教学质量目标。高校英语教师还要创新教学理念，丰富英语课程教学内容，达到传播汉语文化的目标。

现代高校英语教学更关注学生的自主选择，教师主要起到价值引导与知识传播的作用。高校教师往往更注重促进学生学习实用的英语交流技能，在教学时没能深刻地传播文化教学，尤其不注重实现中西方文化对比，不能成为优化中国文化传播的使者，不能激发学生的跨文化交流意识。中华文化失语在很大程度上影响学生的英语学习选择，学生练习英语时严重脱离了中国文化的背景氛围，没能基于传播祖国文化、加强中西方文化认同、有效消除文化差异障碍的角度进行英语教学。虽然很多大学生已经具有较高的英语水准，但是不能在英语交际中有效展示个性化的特征，主要是因为英语交际时缺乏文化属性，有时在交流时存在文化冲突的现象。当代高校英语教学应当更重视跨文化交际，教师应当摒弃单纯的英语文化输入，注重在文化差异的背景下促进学生更深层次地了解母语文化。

一、英语教学关注中国文化不足原因

（一）中国文化长期被忽视

高校英语教学往往注重研究英语语言要素，母语文化传播相对较弱，在提倡实用性英语教学的理念下，高校英语教师更注重英语文化的传播，还未能从中西方文化对比的角度促进学生关注母语文化，这在很大程度上忽略了学生就业时应用英语的主要场景氛围。由于高校教师对中华文化传播重视不足，没能基于中西方对比促进学生掌握英语知识的特征，导致学生英语学习态度与母语学习的态度差异。学生显然重视英语文化现象与内容，不自觉地忽略了汉语文化的深度学习。长期以来我国更重视英语教育的氛围，使得学生思维方式、文化理念与价值认同发生了一定的偏差。培养学生的母语文化兴趣，促进学生深度地关注和学习母语尤其重要。

（二）英语教学理念失当

不少高校英语教师盲目地从考级出发开展英语教学，英语教学的实用性与理论性结合不足，教师忽略了学生未来英语语用的基本场景氛围，不能基于提升学生综合能力与自学能力开展英语教学活动。有时在英语课堂教学时过分注重英语语法、语音元素的教学。"中国失语症"现象是英语教学的现实问题。这主要是因为一以来教师对英语知识教学更重视，英语教学的实用性不足，教师未能关注当代社会的形势变化。教师没能有效地提高学生的英语实用能力，大量课程设置只局限在高中阶段。大学语文只针对个别学生开设，不能有效开辟传统文化的学习空间，造成学生对中华传统文化关注不足，学生缺乏良好的中华文化素养与认识感受能力。

二、高校英语教育促进中国文化传播的策略

（一）优化英语教材编制

英语教材是英语教学的重要载体。高校英语教学应当优化教材内容，注重充分地丰富和扩展教材，基于英语教材中的中国传统文化元素进行生动展示，促进学生有效关注中华文化。首先，加强英语教材编制，丰富英语教材中传统文化内容的比例，进一步引导学生深入地接触母语文化。其次，丰富和拓展高校英语教材，基于教材模拟英语跨文化交际的场景，提供丰富的微视频教学素材，满足学生自主学习英语教学的需要。最后，还要提供丰富的学习辅助材料，基于互联网向学生传统优质的英语内容，保证英语教材资源供给的时代性、专业性、文化性与实用性，解决学生英语练习无法可依的问题，基于丰富的教学资源达到提高学生跨文化意识的目标。

（二）优化英语课程设置

为了提高英语教学的整体质量，促进学生在英语学习中直观感受中华文化的魅力，还要优化英语课程的设置，基于中西方文化对比设置比较文学类英语课程内容。进一步增加英语背景课程的人文性，基于丰富的人文内容促进学生关注优秀的中华传统文化。英语课程应当以域外视角引导学生反思。还要在我国近年来英语等级考试中逐步加大中国传统文化的内容，促进学生更主动地关注和学习中国传统文化，引导学生进一步关注母语学习，在教学中从微观角度进行语言要素的比较教学。还要充分地运用慕课、微课设置中英交流的场景，围绕中国话题组织开展英语语言交际训练活动，设置职业性的英语交际场景，围绕实用英语进行中华文化的传播实践训练，进一步促进大学生增加母语认同感，引导学生形成民族文化意识。

(三) 培养文化主体意识

高校英语教学应当丰富中英文化的对比内容，在英语课堂启发学生更好地关注中华文化，英语教师应当构建跨文化交际的教学场景，引导学生突破英语听、说、读、写练习的桎梏。教师在开展英语教学过程时应当培养学生正确的学习观，促进学生对英语文化有正确的文化观。引导学生以客观的眼光看待英语和母语，促进学生在学习英语时更好地关注祖国的优秀文化，教师应当引导学生重视母语的作用和地位，在跨文化交流的过程中促进学生辩证地看待英语文化，基于母语文化的内容感受英语文化，这样才能推动中西方文化的交流，达到促进英语学习深度开展的目标。

高校英语课堂是传播优质文化的重要载体，中国文化失语不仅影响学生对英语文化的理解，而且造成文化供给不平衡的现象，学生长期从英语文化角度学习语文，影响了大学生的价值观、思维方式，不利于深化英语教育改革，学生对中华文化缺乏认同感。只有将英语与母语结合，才能提高英语教学的质量，促进大学生形成跨文化意识。

第四节　中国文化输出的大学英语"金课"教学

随着现代教育事业的不断进步，课堂教育质量越来越受到重视，其中大学英语教学作为大学中公共课程的组成部分是大学生接触英语国家文化的重要渠道，是锻炼大学生语言能力的重要课程，而在教育部高等教育司司长吴岩"要消灭'水课'，打造有创新性、挑战度的金课"的号召下，进一步打造中国文化输出的"金课"教学势在必行。

大学英语肩负着传播西方优秀文化的重要作用，学生更需要在学习西方文化的同时加强对中华文化的理解，而在大学英语中进行"金课"的打造主要就是关注师生互动的课堂教学方式、学生学习能力的提高，同时也能够避免"填鸭式"教学模式的出现，并在基于"对分+翻转"混合教学模式的应用下进一步提高大学生用英语畅谈中国文化的能力和语言应用技能。

一、中国文化输出的大学英语"金课"教学研究

（一）背景分析

教育部明确指出要淘汰"水课"、打造"金课"，并在教学设计中深挖中国文化主题背后的核心理念，通过对中国与英语国家共同价值理念的探寻来让学生领略和体验凝聚中华智慧的精神财富和丰富的中国文化。基于此背景，大学英语教学课堂中也加强了对分课堂以及翻转课堂的应用，以便进一步提高中华文化的输出效果，提高英语教学质量。

1. 对分课堂

对分课堂融合了讲授式和讨论式课堂的优点，强调交互式学习，其主要分为三个阶段，第一个阶段是教师讲授；第二个阶段是学生课后内化自授；第三个阶段是师生和生生相互讨论。通过以上三个阶段的学习能够将教师的讲授时间与学生的讨论时间错开，极大地给予学生自主讨论的空间，满足不同学生的学习需求，是打造"金课"的重要课堂教学模式。

2. 翻转课堂

翻转课堂是将传统的教学过程翻转过来，让学习者在课前完成对应章节和教材内容的学习，然后在课上将所学内容进行展示和讨论，加快学生知识内化的进程，从而提高学生的学习能力。翻转课堂在实施过程中与对分课堂相融合能够有效地实现学生的自主学习、合作学习以及研究性学习。

（二）教学实施措施

打造中国文化输出的大学英语"金课"主要就是在课堂教学过程中将中国文化研究课程与大学英语课程相结合，旨在利用中国文化输出能力培养的外语"金课"教学来提高学生的英语应用能力。其具体的教学实施措施如下：

1. 教学目标的确立

教学目标的确立应该聚焦于语言学习目标与跨文化交际能力提升目标的共同实现，并通过其教学目标的实现来判断学生是否具备较为优秀的中华文化输出能力以及大学英语应用能力。

2. 教学形式的展现

确定学生在学习中的主体地位，发挥教师的主导作用，充分给予学生学习的自主空间，并借助先进的信息手段实现学生的线上自主学习，与此同时，还要加强对分课堂与翻转课堂教学模式的应用，加快学生知识内化的进程。

3. 教学手段的应用

应充分借用先进的多媒体技术手段加强课堂讲解的效果，教师可以让学生观看视频，并在线阅读相关的文本然后发表评论，通过多种方式进行线上的自主学习，同时，学生也能够通过 PPT 向教师、同学展示自己的学习成果，并以此进行讨论探究。

4. 教学评价方法的使用

应该采用过程性评价原则，评价内容包括学生的自主学习过程效果、学生的测试题目、课堂展示活动互评以及师评、课堂出勤等多方面。

二、打造"金课"策略——加强对课程资源的开发应用

（一）利用教师自身的资源

教师在课堂教学中主要起到主导作用，而教师的教起到至关重要的作用。过去教师在自身资源的开发中主要就是利用教科书或者教学参考书，而当前的大学英语教师一般都会有国外学习的经历，因此，教师要注重对自身资源的开发，将自己在国外学习的经济以及文化感受讲授给学生，让学生能够直观地感受到英语国家的文化氛围，或者教师可以将有代表性的英语经典作品推荐给学生。

（二）利用学生自身资源

学生是学习者，但其自身也有着较为重要的学习资源，而且将学生的个人经历与课堂教学相结合，可以提高学生课堂参与度，鼓励学生分享与倾听。成功的学生案例也可以作为课程资源，如在大学英语四六级出成绩后，班级上高分同学就可以起到榜样作用，分享备考过程，推荐相关教材、网站等。

（三）网络课程资源

当前越来越多的教育平台开始在互联网平台中兴起，网络世界中含有的大量教育资源能够开拓学生的视野，增强学生的学习能力。

综上所述，"金课"的打造是构建学习型社会的重要举措，而在中华民族实现伟大复兴的关键时期，必须要通过打造中华文化输出的大学英语"金课"教学来提高人力资源的质量，而利用对分课堂以及翻转课堂教学模式能够从教学目标的确立、教学形式的展现、教学手段的应用以及教学评价方法的使用等各环节提高大学英语课堂教学的质量，并通过教育资源的开发利用进一步提高大学生的英语应用能力。

第五节　基于 OBE 的"中国传统文化"英语教学

推动中国优秀文化"走出去"是提升我国软实力和国家形象国际认同的有效途径。在文化"走出去"人才培养上，外语教育责无旁贷，当前大学生普遍存在的"中国文化失语"现象也引起了广泛重视，对"中国传统文化"的英语教学进行了一系列的探索。本研究采用成果导向教育理念（OBE），探索"中国传统文化"英语教学新途径，学生在产出学习成果的过程中培养文化自觉，习得母语传统文化的英语表达。

一、研究背景

2000 年南京大学从丛教授在《光明日报》上发文，首次提出"中国文化失语"一词。他指出在进行非英语专业博士生英语教学改革过程中，发现"中国文化失语"现象在当前大学生中普遍存在。课题组在研究过程中也发现，即便通过了 CET-4、CET-6，很多学生对传统文化的英语表达能力也几近空白。以最为学生所熟知的中国传统节日为例，不知"重阳节""端午节"英语表达的学生大有人在，更不用说相关节日所蕴含的历史文化内涵的英语介绍了。

《高等学校英语专业英语教学大纲》要求英语专业学生须具有广博的文化知识及跨文化交际能力。英语教学的最终目的是把英语学习者培养成为熟练掌握目的语和母语的双语人和双文化人。当前大学生"中国传统文化"英语输出能力的极端匮乏与英语教学目标是背离的，与当前建立"文化自信"的社会需求也是相悖的。因此，英语教学界必须担当起"中国文化"英语表达的教学使命。

二、成果导向教育概念

成果导向教育（OBE）由美国学者 Spady 提出。"成果"指的是学生在最终学习过程后证明自己真正具备的能力。成果导向教育理念最鲜明的特点就是强调能力培养、学习产出和人才培养质量。

三、基于 OBE 的"中国传统文化"英语教学实施

课题组以"学生"为主体，采用成果导向教育理念，依据成果目标，反向设计课程"中国传统文化"英语教学，让学生主动参与到成果产生过程中，实现"做中学""研中学"。

（一）确定教学对象

确定教学对象为学院 2017 级英语专业两个班级的学生。

（二）教师设定项目选题范围

通过对两个班学生的调查发现，其中有 1/3 以上的学生计划专升本，继续英语专业学习，相当一部分学生想从事英语教育，也有一部分学生想从事外贸及其他涉外工作。因此，在教学中须丰富学生中外文化知识，帮助其建立全球视野，具备跨文化交际能力，实现母语文化和目的语文化的双向交流。鉴于此，课题项目范围确定为"中国传统文化的英语表达"。"传统文化"是指民族文化发展中积淀的相对稳定的东西，是支配人们思想和行为的某种习惯的程式，分为十大类别，包括思想意识、修身养性、服饰饰品、节日习俗、笔墨艺术、饮食文化、舞台艺术、建筑艺术、文学艺术、名胜古迹。

（三）指导学生确定具体项目

学生以 5~6 人为一组形成项目组，在设定的选题范围内确定项目。目的在

于通过选定项目，让学生廓清"传统文化"的内涵，并对"传统文化"分类等有系统认识。

（四）指导学生申报校外项目

教师鼓励学生积极申报校外各类项目，教师进行全程指导，其中由陈思宇主持，刘思思、张炯辉、肖雅琦、吕宏鳌参与的项目——《在杭大学生中国传统文化英语输出能力现状调研及传播实践——以传统节日为例》（该项目名称以下简称"传统节日项目"）获"2018年浙江省大学生科技创新活动计划暨新苗人才计划"立项。

（五）基于OBE的"中国传统文化"英语教学具体实施

论文以上述立项项目的开展为例，探讨如何实行成果导向教学。该项目的研究内容及OBE具体实施情况如下：

其一，查阅"中国传统节日"中英文资料，为设计问卷及测试卷进行知识储备。教师推荐相关书籍供学生研读，如《红楼梦》《英语畅谈中国文化》《用英语介绍中国高频100话题》《中国节庆文化丛书（中英双语）》等。课题组学生通过自主学习方式，掌握中国主要传统节日的名称、历史典故、传统习俗等英语表述，教师在学习过程中进行答疑并对学习进程进行总体调控。

其二，调查"在杭大学生中国传统节日文化英语输出能力"。项目组学生在教师指导下，紧扣"中国传统文化"和"英语输出能力"关键词，对在杭大学生的母语传统文化输出能力进行调查。采用问卷和测试相结合的形式。

问卷设计：在教师指导下设计问卷。问卷包含传统文化学习意识、传统文化学习意愿、传统文化英语学习资源、传统文化英语表达能力和传统文化英语教学建议五个维度，共15个题项，如"在与外国友人交流时，你认为有必要传播中国文化吗？""你平时会观看或阅读有关中国传统节日的英语学习资料吗？"等封闭性题项；也有开放性题项，如"为了提高大学生中国传统文化的英语表达能力，或更好地传播中国传统文化，您会设计什么活动？"

测试卷设计：根据所积累的"传统节日"中英文知识，梳理体现"中国传统节日"文化的典型词汇，确定测试内容。测试时被测者须独立完成，不能查阅工具书，不能上网搜索，也不能相互商量。测试卷包括两个部分：（1）中英词汇互译，包括"春节""红包""贴春联"等24个典型节日中文词汇，需要被测试者把这些词汇译成对应的英文；（2）被测试者任意选择一个中国传统节日，用英语介绍。

问卷调查及测试：对杭州12所高校的大学生进行问卷调查，共发放问卷529份，收回529份，其中有效问卷527份；发放测试卷200份，收回191份。课题组学生在教师指导下对调查数据进行分析，发现97.2%的大学生认为有必要与外国友人传播中国传统文化，但是能用英语熟练介绍的大学生仅占调查对象的6.9%。项目组学生在批改测试卷时，发现测试结果触目惊心。举个例子，在191份测试卷中，"猜灯谜"英语表述正确的只有2份。以上仅是调查数据中的冰山一角。通过这些数据分析，项目组学生对"母语传统文化"的英语表达现状有了更全面更深刻的认识，同时也认识到大学生"母语传统文化"传承和对外传播任重道远。

其三，探索和实践传播中国传统节日文化多种途径。为有效传播"传统节日"文化，项目组借助微信公众号和喜马拉雅这两个广受欢迎的平台，设计短小精悍的中英双语文案和音频，方便大学生利用"碎片化时间"进行"移动学习"。喜马拉雅专辑名称为"Chinese Festivals 中国传统节日"，微信公众号名称为"英语畅谈传统文化"，每个成员负责一到两个传统节日的双语文案创作、推送和音频录制。截止到写此文，在喜马拉雅平台录制推送腊八节、春节、元宵节等15个音频，点击量1003次；"英语畅谈传统文化"微信公众号推文8篇。

成果导向教育是对"中国传统文化"英语教学的一次新的尝试，学生的学习成果就是要达成的最终教学目标,"教"和"学"都是围绕产出成果开展并为之服务的。在整个教学过程中,学生是主体,教师是 facilitator,即诱导者,促成者,在全过程中起帮助、建议、指导等作用。

(1)成果导向教育体现了"做中学"的教学思想。美国著名哲学家、教育家杜威指出,知识的获得不是个体"旁观"的过程,而是"探究"的过程。在本研究中,学生通过研读文献,自主学习探究,了解"传统文化"的内涵及类别,建构自己的知识体系,内化为自己知识结构的一部分。与传统的植入式"传统文化"英语教学相比,通过"教学研"一体化模式构建的知识体系更加完整。

(2)通过"传统文化输出能力"这一成果项目,项目组学生发现当前大学生"中国传统文化"的英语表达能力极为匮乏,具体表现为词汇量的贫乏、传统文化知识的缺失等,深刻体会到"母语传统文化"传承和双语传播的紧迫性和使命感,"母语传统文化"学习意识和意愿得到加强。以下是课题组学生在实施调查后的感想摘录。

我们从三个学院随机访问了 60 名不同专业的大学生,其中英语专业的表现较为出色,大多能够填写出问卷上 40%~60% 的问题,能用流利的口语向我们展示自己熟知的传统节日的由来及习俗;非英语专业的学生就较为乏力,有些同学写上几个便草草了事,有一些则是英语能力较弱,对于测试卷上的题目只能答出 10%~20%。同学们能够写出 The Spring Festival,但是其他有关传统节日的英语单词几乎空白。——吕宏鳌

我们调查了服装设计、建筑、电工和英语等专业的学生。从测试卷答题情况来看,同学们印象最深的就是春节 The Spring Festival,其他都是绞尽脑汁去想,使用的基本上是中式英语。经过本次调查,我们发现在杭大学生对于传统节日并不熟悉,这也使他们在测试的时候意识到自己的知识薄弱,也会因为测试卷上一片空白而感到不好意思。所以宣扬传统文化还是很重要且意义重大的!——刘思思

调查过程中发现,非英语专业的同学对于英语已经很陌生了,大部分都属于

中式英语。英语专业的同学相比之下，对于英语的掌握情况更好，而且英语专业的同学不畏惧讲英语，口语能力也非常好。但就对"中国传统节日"的测试来看，不论英语专业还是非英语专业，对于传统节日都不是很了解，许多节日的英语表达更是从未接触过。除了大家最熟悉的春节，其他相关的英语表达都是捉襟见肘。所以，我们大学生需要多花时间、多花点心思去接触传统文化，并提高传统文化的英语表达能力。——肖雅琦

成果导向教育有效实现了语言"输入"向"输出"的转化。Krashen 的"语言输入假说"（Input Hypothesis）理论指出，可理解性的，具有一定个人意义的足量语言"输入"能促成语言习得。课题组学生为完成项目，须接触大量有关"中国传统文化"的双语资料，教师提供答疑等帮助，实现语言"输入"的可理解性，从而促成了"母语传统文化"英语语言的习得。而根据 Swain 的"语言输出假说"（Comprehensive Output Hypothesis），大量的实践机会则可促进对二语的理解，使学习者有效地将自己内化的知识运用到实践中，从而提高其语言运用能力。课题组学生通过各种实践，把内化的"传统节日文化"英语语言知识运用到微信公众号原创推文和喜马拉雅原创音频录制实践中，有效地促进了"母语传统文化"英语输出能力。

成果导向教育改变了传统教学中以教师为中心的弊端，让学生成为教学主体，唤醒激发了学生对外传播"中国传统文化"的意识，通过自觉学习，提升"母语传统文化"的英语表达能力，实现"文化自信"。

第六节　大学英语教学中的中国文化认同教育

在我国目前的大学英语教学中，由于广大教师极其注重英语国家文化知识在外语教学中的输入，使得中国文化几乎被忽略掉。因此，在学习过程中遇到中国文化的内容时，几乎无法用英语进行有效的交际。显而易见，英语学习不应该只

是了解英美或西方文化,还应更好地理解并传播中国文化,增强大学生的民族文化认同感。本节首先论述了进行中国文化认同教育的重要性,在此基础上对英语教学中的中国文化认同教育进行具体的探讨。

大学英语作为我国高等教育阶段的语言基础课程和必修课程,不但要培养学生听、说、读、写译的语言基本技能和综合运用能力,还要了解英美国家文化,拓宽视野,增强学生的综合文化素养。由于大学英语教学中,教师过多强调英语思维模式的重要性,加之全球文化的渗透与冲击,使得很多大学生对于英美文化的认同感远超于对母语的认同感,这与我们的课程培养目标是背道而驰的,因此,在大学英语教学中必须全面实施中国文化认同教育。

一、大学英语教学中实施中国文化认同教育的必要性

(一)培养大学生的人文素养

由于我国高等教育的职能目标是:培养专门人才、科学研究、服务社会。因此,大学阶段我们更多关注的是专业文化知识的学习和专业技能的培养。大学生的主要精力和时间都投入到专业课的学习中,这在无形中减少了对中国传统文化的学习和研究。加之,在大学英语的学习过程中深受英美国家文化的熏陶,逐渐淡化了对母语文化的认知,导致当代中国大学生的人文素养较低,道德约束减弱。所以在大学英语教学过程中,必须加强对中国传统文化知识的传授,增强学生们的民族文化认同感,提高其自身的道德素质和人文素养。

(二)激发大学生的民族情感

众所周知,中国文化为推动世界文明的发展、社会的进步做出了突出贡献。认识一个民族,需要了解这个民族的文化,只有文化上认同,才会有情感上的共鸣,才能提高民族的凝聚力,增强民族团结和促进社会安定。每个中国人的情感

都与民族文化、祖国命运紧紧相连。因此,每个大学生都应该热爱祖国,具有高度的民族自豪感、责任心,而这一切都源于对民族文化的认同。

(三) 适应文化全球化的发展

中国加入 WTO 后,越来越多的外来事物渗透到大学生的日常生活中,加之在英语学习过程中深受英美文化的感染,这都对大学生的文化立场产生了巨大的影响,很多大学生浅显地认为欧美国家的文化不论其内容和性质都是好的。由于盲目的崇洋媚外,致使当代大学生的文化素养降低,道德观念日趋下降。这种对民族文化认同感的缺失会给我们国家的未来和发展带来严重的威胁。因此当代大学生必须加强对母语的认知,大量阅读中华民族优秀的文化遗产,丰富自己的人文精神,增强民族自豪感和社会责任感。

二、大学英语教学中大学生进行文化认同教育的策略

(一) 修订教学大纲

传统的大学英语教学大纲中,对中国传统文化的介绍都只是在极个别单元中有所涉及,但是内容相对较少。学生们在日常学习中只是零散地接触到中国传统文化,缺乏系统的学习,这对学生全面了解中国优秀传统文化十分不利。因此,为了能够加强大学生的民族文化认同感,必须在大学英语教学大纲中纳入中国传统文化因素,以此来提高民族文化在英语教学中的地位。大纲的制定必须要求分层次进行英语教学,在要求识记的大纲词汇中,加入适量的有关中国传统文化的词汇。

(二) 完善课程设置

大学英语教学中,涉及众多与英美国家文化有关的课程,但是针对中国文化的课程设计却相对较少。因此,学生在日常学习生活中,所接触到的是各式各样

的英美国家文化内容。长此以往，这对中国文化的继承和发展十分不利。因此，我们需要在大学英语的课程中将中国的物质文化和精神文化纳入课程体系，以便有效地增加文化内容的含量，改善学生的英语运用能力。

（三）改革教材

目前，国内几乎没有与中国文化相关的大学英语教材，这使得教师在教学过程中很难进行中国文化认同教育，同时也给学生在跨文化交际方面带来困难，学生只能停留在理论层面，不能得到良好的锻炼。这些事实的存在导致很多学生不能深入了解中国文化。因此大学英语教材的编写方面，应该将反映中国文化的文章译成英文，使学生在训练听、说、读、写译的基础上，增强对本国文化的英语表达能力。

（四）考试改革

传统的大学英语教材主要培养和考查学生听、说、读、写译的能力，其中听、说、读、写译的材料几乎不涉及有关中国文化的部分，没有了考试的压力，大学生更加不会将更多的时间和精力放到中国文化的学习上。为了能考出理想的成绩，便会增加对英美文化的学习，这对中国文化的学习和发扬是极为不利的。因此，我们需要在考试中增加与中国文化相关的考查点，例如，在四六级考试中增加大量的中国文化素材的翻译，如果对传统文化和相关术语的英文表达不甚了解，就很难在翻译中取得高分。

（五）更新观念

要使中国文化在大学英语教学中占有一席之地，首先广大英语教师要转变传统的英语教学理念。只有教师改变自己的教学模式，充分重视中国文化在外语教学中的地位和作用，加强自身在中西文化知识方面的素养，将二者巧妙地融入课堂教学。这样既可以培养学生的文化意识，又能增强学生对中西方文化的深层次理解。

总之，在大学英语教学中加强对中国文化认同的教育，既是继承和发扬我国优秀传统文化的需要，也是提高大学生跨文化交际的需要。鉴于当前外语教学的现状，我们必须在大学英语教学中引导学生接受中华民族的优秀文化，增强民族意识，消除文化认同危机。

第七节　大学英语教学与中国传统文化自信建立

随着全球化的不断发展，世界各国的交流越来越频繁，越来越多的外国文化融入我国人民的生活，对于人们的生活方式和思维方式产生了一定的影响。当代大学生处于建立世界观、人生观、价值观的关键时期，如果无法建立起文化自信，一味地追求外国文化和生活思维方式，那么一定会对其三观的树立形成一定的冲击，对于即将进入到社会的大学生而言极为不利，所以必须建立当代大学生的文化自信。本节立足于中国传统文化自信建立的角度，通过对大学英语教学方式进行分析，探索二者融合发展的具体措施。

一、文化自信相关概述

（一）文化自信的内涵

在每一个国家和民族的延续和发展当中文化都有着非常重要的作用，在社会建设的各个方面都能够看到文化的影子，文化维系着人们的生产和生活，同时可以通过文化对不同的民族进行区分，表现出独特性的特点，这是每一个国家在发展的时候都必须要重视的。文化自信就是在文化方面的自信，是对于自身国家和民族文化的认可和相信，并且对本国文化的传承和发展展现出自信心。

（二）文化自信的特点

在经历了五千年的发展之后，无论是我国的文化还是我国人民的文化自信都显示出时代性的特点,而现阶段所提倡的文化自信就是结合了时代特色的社会主义文化自信,主要特点有以下四方面。首先是文化自信反映出了我国数千年文化的传承与发展,并且在很大程度上表现出民族特色,我国文化发展到现在已经形成了独特的体系,同时也是文化自信强有力的基础;其次是文化自信能够引导我国现阶段的社会主义建设,对于我国人民的三观建立以及价值判断都有着强有力的引导作用,能够促进社会主义现代化建设;再次是能够促进人民的思想精神建设,使我国人民在对文化自信内涵全面了解的基础上完成感情的升华;最后是能够对我国文化的吸引力进行进一步的加强,增强我国文化的国际影响力。

二、大学生文化自信现状

(一)大学生尚未对文化自信形成全面的认识

认识问题是对问题进行深入探讨的基础,只有全面了解文化自信才能真正地做到文化自信,但是从对目前现状的了解来看,当代大学生还未能对文化自信形成全面的认识。在实际的大学英语教学当中,大部分高校在进行英语教学的时候都是把英语知识和英语技能作为重点,却不能采取好的方式对中国传统文化进行传播。在这种情况之下高校学生无法在英语教学当中学习到中国传统文化,反而是将西方文化作为学习的重点,再加上当代大学生对于中国传统文化的普遍不重视,长久下去不仅导致大学生无法对中国传统文化以及文化自信形成较为全面的认识,甚至英语教师也不能完成对中国传统文化的深入理解,从而导致高校学生无法建立起文化自信。

(二)对于文化自信不重视

对于文化自信的不重视属于意识层面的问题,而意识往往是指导实践的关键,主要表现在以下三方面。首先是当代大学生生长在信息技术发达的时代,每天都受到文化多样性的冲击,在这种情况之下很容易会受到一些不良信息的影响,并且长期处于互联网冲击下的大学生逐渐丧失了传统文化学习的意识和动力，很难形成文化自信；其次不重视还表现在高校英语教师的不重视，大多的英语教师所接触的都是西方文化，无论是在思想上还是在生活方式上都会受到西方文化的影响，而其传统的英语教学方式当中几乎没有中国传统文化的出现，也就很难对文化自信重视；最后是高校领导阶层对英语教学当中中国传统文化自信建立的不重视，在大多数的领导阶层意识当中英语教学就应该与中国文化进行一定的分离，这样才能保证学生在学习英语的同时学习西方文化，或者大多数的领导都以为大学生英语教学中中国传统文化自信的建立是多此一举，也就是在这种意识的影响下导致一些促进英语课堂中传统文化建设的方案迟迟不能实施，很难帮助大学生建立文化自信。

三、大学英语教学帮助大学生建立文化自信的发展措施

（一）革新意识，完成对文化自信的全面认识

上文中已经说过意识的重要性，必须先行对意识方面进行革新才能更好地展开后续工作，而意识的革新主要可以从以下三方面进行。首先是对高校领导阶层进行硬性要求，毕竟领导阶层不是大学英语课堂的直接接受者，所以需要通过硬性要求使其明白大学英语教学中融入中国传统文化自信的重要性，在此基础上才能做出一些有益教学工作的规划；其次是对大学英语教师的意识进行革新，教师是大学英语课程的教授者，其意识是否革新在很大程度上决定了教学内容，可以在领导阶层完成意识革新的基础上对教师进行指导，从而完成对大学英语教学的具体规划；最后是对学生的意识进行革新，要先使学生明确建立文化自信的重要性，使其感知到中国传统文化的魅力，在此基础上主动地去接受、去探知中国传统文化，从而建立其文化自信。

（二）优化大学英语教学

既然是通过大学英语教学来完成建立文化自信的目标，就必须对现阶段的英语教学进行优化，而具体的优化措施可以有以下三方面。首先是对教学方式进行优化，以往的高校英语教学方式单纯地以教授英语知识、传授英语技能、传播国外文化为目的，而想要使大学英语教学能够帮助建立文化自信，就必须将教学的侧重点转移到中国传统文化方面，在此基础上完成对教学方式的转换；其次是教学内容的优化，以往的大学英语教学当中主要内容都与中国传统文化无关，大多是在传输国外的生活方式和思维模式，间接地传播了国外文化，必须对这种形式进行改善，要在大学英语教学当中大量地加入中国传统文化内容，以英语的形式对中国传统文化进行传播，从而引起高校学生的文化共鸣，促进其文化自信的建立；最后是对英语教师的专业素养和教学能力进行提升，想要在课堂上传播中国传统文化，就必须使教师先对传统文化有深入的了解，必须先保证教师有能力对中国传统文化进行传播。

（三）利用现代信息技术助力大学生文化自信的建立

处于信息时代就免不了对现代信息技术的使用，现代信息技术在给大学生文化自信的建立带来难度的同时也提供了机会。首先是英语教师可以通过对各种社交媒体的使用来传播中国传统文化知识，一些传统文化文献的英译版可以通过社交媒体进行更加便利地分享；同时英语教师能够通过现代信息技术来加强与大学生的思想互动，思想上的交流能够使大学生更加直观更加深入地了解中国传统文化，从而促进文化自信的建立。

经过本节的分析可以知道，通过大学英语教学建立中国传统文化自信虽然存在着一定的难度，但还是有很多可行的措施能够促进工作的顺利开展，希望文章能够对当代大学生文化自信的建立提供一些帮助。

第五章　现代信息技术与英语教学模式

第一节　基于信息技术的大学英语动态分层教学模式

随着新课改的不断推行，信息技术与高等院校教学的联合应用越来越普及。信息技术为大学英语教学模式提供更多的机遇，再加上动态分层教学的联合应用，可以提升大学英语的教学效果和教学能力，对我国大学英语教学模式的改革和创新具有重大的意义。

一、动态分层教学模式的概念及原理

分层式动态教学模式就是以学生的学习情况、性格特征及学习能力为基础，将学生分成两个或多个英语水平差异较小的群体。英语老师根据群体中学生的英语学习能力布置教学任务，并以成绩为参照标准对学生进行科学的评价。这种教学方式能够满足学生的各项需求，让学生在英语学习中获得更多机会，提升学生对知识点的理解能力。主要分为两种教学层次，分别是显性教学层次和隐性教学层次。显性教学层次是以某个公开的标准进行排序并开展教学的，没有班级的限制。而隐性教学层次主要开展于班级教学，有助于老师开展个性化教学。在信息技术的支持下，大学英语分层式教学已经呈现了一种新的教学趋势，弥补了传统教学模式的不足，最大程度地减少学生差异化对教学质量的影响。

动态分层式教学模式的原理主要有三个：一是成败原理。俗话说：不论黑猫

还是白猫,能抓耗子的就是好猫。这种理论同样适用于高等院校的教育事业,当学生成功处理难度较大的问题后,往往会期待对难度更大的问题进行探究;当学生在长时间仍未找到问题的解决方案,就会失去信心,继而产生较强烈的厌学心理。二是因材施教。我国著名的教育学家和思想学家孔子和韩愈曾主张对学生进行针对性教学,即因材施教。这种教学原理可以鉴别学生的综合素养,有计划、有目的地开展教学活动,继而提升大学的教学质量。老师在教学的过程中,不能以同一个标准要求个体差异较大的所有学生,要根据学生的能力和学习情况开展教学计划,这也成为我国现阶段高等院校教学改革的重点要求。三是以人为本。传统的教学模式多以"填鸭式"教学为主,过于突出老师的教学地位,忽视学生在教学中的主体作用。分层式动态教学模式正好可以弥补传统教学模式的不足,将主体地位交还给学生,教学开展的所有活动都以学生为原点,激活学生的主动性。老师在教学的过程中,应该以观察者的身份监督学生的学习状态,满足学生对教学的个性化需求,深度挖掘学生的学习潜能,对学生的三观形成进行正确的引导,以科学的手段提升学生学习大学英语的积极性,并锻炼学生的创造能力和思维能力。

二、大学英语在信息技术环境下的动态分层教学探究

(一)大学英语动态分层教学模式与信息技术融合的必要性

在信息技术构建的环境下,大学英语教学模式进行了不断的完善和突破,不再以老师的纯板书讲授为主,形成了新的教学模式。这种教学模式以信息技术为支撑,将枯燥、乏味的教学知识以多样化的形式展现出来,如图片、文字、声音和录像等。为学生创造一个良好的学习环境,增加语境的真实感,吸引学生的注意力,提升学生对大学英语的学习兴趣。信息技术和分层式教学模式的融合加入,丰富了大学英语"听、说、读、写"四个主要模块的教学资源,为老师的多样化

教学提供便利。例如：老师在开展听力教学时，可供学习的听力材料有《大学生体验式英语教材》《新概念大学英语教材》《大学英语听说训练教材》等，增加了老师的选择难度。将分层式动态教学模式加入听力教学后，老师可以根据学生近期的听力成绩，在信息技术环境下推荐适合学习的听力教学。学生根据自己的学习兴趣选择适合的学习资源，最大程度地开发自身的听力潜能。而且，信息技术可以为老师提供一个管理学生学习情况的平台，方便根据学生的学习现状建立档案并更新，为后期开展评价奠定基础。

（二）教学内容的动态分层

老师需要"吃透"现有的大学英语教材，以教学大纲为辅助制定各个层面的教学目标，再将教材中的主要内容进行分层式动态教学。例如，当老师开展听力教学时，学校提供的教材为《大学英语听说训练》（第三版）。这本书中的听力训练内容安排比较科学，难度呈由浅到深的模式。每个单元都由技巧练习、语言练习、口语练习和听力延伸训练四个模块组成：其中技巧练习涉及的内容较简单，包含两个模块，可以分别对学生的听力技巧和交际口语进行训练；语言练习需要学生对两个篇幅较短的文章进行理解，锻炼学生对知识点的掌控能力；口语练习是以上述文章的内容和日常交际用语为基础开展的；听力延伸训练是难度较大的课堂听力练习。老师在应用这个教材开展课堂听力训练时，需要以学生的学习能力为基础进行分层式动态教学，以成绩为参考标准将学生分为A、B、C三个层次，对于英语基础较差且学习能力较差的A组学生应该要求其完成技巧练习和语言练习，将口语练习作为延伸教学内容；对于英语基础一般且学习能力一般的B组学生应该要求其完成前三项练习，将口语练习作为延伸教学内容；对于英语基础较好且学习能力较强的C组同学应该要求其完成四项练习。长此以往，A组同学积累的基础知识点越来越多，当其能够自主完成口语练习的相关训练内容时，即可升为B组成员。而且老师在开展教学的过程中，还需要在信息技术环境下开展上述四部分教学活动，最大限度地激发学生的学习潜能，将复杂的语法知识采用多种多样的形式深刻刻画在学生的头脑中。学生在阶段性学习的过程中，获得极大的满足感，再加上老师的正向引导和鼓励，提升学生学习大学英语的效果和能力。

（三）以学生为主体的动态分层

上文中已经举例对学生的动态分层进行说明，就是根据学生的能力水平和学习需求进行分层教学。但这种分层模式并不是一直不变的，需要老师定期进行考核，不断调整各个教学层次中的人员。需要注意的是，由于大学生的荣辱心、攀比心较强，老师应该将这种层次编排尽可能地弱化，只作为自身教学时的参考标准，不要在班级中大肆宣扬。这不仅可以保障老师正常地开展教学，还可以对学生形成一种特殊的保护，防止大学生出现"破罐子破摔"的不理智学习行为。

（四）作业布置的动态分层

作业的完成情况是老师评判学生学习情况的重要参考标准，也可以对学生学习到的知识点进行巩固和训练。因此，老师在开展分层式动态作业布置时需要利用信息技术中丰富的教学资源，提升老师的教学质量和教学效率。例如，在开展大学英语写作训练时，老师可以以"春天"为主体，根据学生的学习层次，以信息技术为写作环境，布置相应的写作训练内容。学生在完成写作后，发送邮件到老师的邮箱中，提升老师的批改效率。

（五）评价机制的动态分层

评价机制在大学英语教学中占有非常重要的位置，它既可以让学生在相互交流评价中改良自身的缺点，还可以为学生学习大学英语获取新的思路。通常分为两种评价形式：一是形成性评价机制，需要参考学生的课堂状态、出勤情况及作业分数等，综合性较强；二是终结性评价机制，以学生的考试成绩为主；其中第一种评价机制常开展在大学英语教学过程中。例如，在对学生的作文进行批改时，老师在信息技术环境下让同层次的学生进行无定向相互批改，并让学生根据评价建议完善作文，实现共同进步的理想化教学。

综上所述，想要大学英语能够取得理想的教学成绩，就必须以学生的实际情况和教学进程作为基础开展分层式动态教学，创新教学模式，再加上信息技术的辅助，提升大学英语与学生和老师的需求契合度。但这种分层式动态教学在开展隐性分层教学时不宜让学生知晓，防止学生出现自卑心理，弱化教学效果。

第二节 信息技术支撑下的大学英语课堂互动模式

信息技术的快速发展为现代课堂教育互动模式的变革和创新提供了机遇，顺应了教学改革的要求，符合科技全球化的形势下对人才全方面培养的需求。本节将重点探索信息技术支撑下如何提高大学英语课堂互动教学效果和学生的学习兴趣。

一、信息技术对大学英语课堂互动的作用

随着互联网以及科学技术的发展，越来越多的大学英语课堂教学模式走进大学校园，这对于促进大学英语教学过程有着非常重要的作用。信息技术的发展带动我们进入了"信息时代"，这不仅改变了我们的生活和学习方式，同时还给教育领域带来很大的发展机遇。信息是我们时时刻刻都在接触的资源，而如何将这些资源合理地应用到大学英语课堂互动环节，是个值得深入研究的问题。

信息技术能够打破传统的大学英语教学方式，能够极大地促进大学英语课堂互动环节的发展。由于学生自身性格以及授课教师授课方式的不合理，大学英语课堂互动环节往往被忽视了。而互动是个非常重要的、能够促进师生之间交流

的环节,所以,应该重视信息技术在大学英语课堂互动环节的作用。信息技术支撑下的课堂互动能够将文本、图像、视频以及动画等工具合理地结合起来,从而最大化地实现师生在课堂上的互动行为。尤其是网络信息技术的快速发展,促使教师和学生互动不再受到时间和空间的局限,可以随时随地沟通交流,为学生自主学习提供更多便利。新的交流互动模式也使学习内容更灵活、实用性更强,知识的趣味性和知识性相结合,大大提高了学生的学生兴趣,英语不再是一门应付考试的功课,而变成了学生们交流和使用的一种语言,使学生们的学习态度大大改观。

二、信息技术支撑下的大学英语课堂互动模式

信息技术支撑下的大学英语课堂互动模式要充分利用先进技术,改变课堂教学模式,突破课堂教学的单一、死板,使课堂互动变得灵活,促进师生、生生之间的交流合作,主要从以下四方面进行大学英语课堂互动模式的创新。

(1)教学方式灵活多变,突出个性化。通过运用先进的信息技术,可以方便学生根据自身的特点和认知规律进行自主学习,并可突出教学内容的个性化和多样化。利用多媒体的交互性,教师可以改变教学模式,制定好教学目标,将计算机作为教学工具,设计综合性较强的任务活动,让学生充分参与其中,给予学生分组学习和自主学习的机会,鼓励学生自主交流和师生交流,从语境、语义、环境模拟等方面提高英语水平。还可以利用计算机,进行人机交互练习,更能方便学生自主学习。学生根据自己的学习进度和知识掌握程度,完成学习目标,自己掌握学习进程,不受时间和空间的影响,方便自身查漏补缺。

(2)通过利用信息技术,达到大学英语课堂教学环境模拟的情境化,提高学习效率。情境教学是大学英语课堂互动常用的一种有效的教学模式,通过情景模拟和情景演练等,帮助学生理解抽象概念、提高口语表达能力和学习兴趣。多

媒体信息技术可以通过模拟有趣的声音、提供生动的画面、展现动作和创造仿真声音等为情境教学提供方便，使教学情景更加真实，超越传统教学模式，使学生的记忆更加深刻，寓教于乐，达到良好的学习效果。

（3）丰富的网络教学资源使课堂互动教学突破时间和空间的界定，促使教学媒介的多样化。学生可以通过网络教室、多媒体互动平台以及自媒体平台等多种媒介，达到师生的互动交流。学生可以利用互联网查阅英语资料和文献、练习口语、提高阅读能力，还可以通过网上交流、影音资料、视听学习等与更多的英语学习者和爱好者进行交流和讨论，将英语学习当成乐趣。教师也可以利用自媒体等开设交流群和互动空间，打破学习的时间局限，使学生交流和学习可以随时随地进行，教师也可以随时给予学生指导，帮助学习解决难题，提高学习效果。

（4）考核方式和评价体系的人性化。信息技术的广泛应用，改变了传统的考核模式，为教师对学生进行一对一考核提供了方便，同时教师可以对每个学生进行及时评价，帮助学生找出学习的不足，掌握学生学习进度和状态，及时帮助学生调整学习态度和方式，给予每个学生关怀。同时还可以实现学生之间、教师之间、师生之间网上互评，通过互联网大数据分析等，了解学生的局部和整体状态，使教学评价更加客观，也为英语课程教学改革提供依据。

信息技术支撑下的大学英语课堂互动模式对于提高大学英语课堂教学质量、唤醒学生听课热情具有十分重要的意义。对该过程进行研究不仅能够让人们更清楚地认识到信息技术对大学英语课堂互动环节的重要性，而且还能够为进一步完善该过程提供理论指导。

第三节　信息技术环境下的英语专业笔译教学模式研究

一、传统英语专业笔译教学存在的问题

总的来看，传统笔译教学主要存在以下突出问题。

认知误区。目前有些教师和学生对笔译教学仍存在一些认知上的不足。一方面，有些翻译教师认为语言能力的培养不属于翻译课的教学目标，翻译教师只负责翻译教学，不负责教学翻译（即通过翻译学习语言）；另一方面，学生对翻译课存在不合理的预期，以为只要在课堂上学习一些翻译技巧，就能成为合格的翻译者。

课程设置不合理。整体上，笔译课程设置薄弱，课型单一，课时偏少。由于师资、课程认知、课程设置等诸方面原因，很多高校要么只开设一个学期的笔译课程，要么将笔译与口译或其他翻译课程混合起来教学。这就使得笔译教学时间非常有限，学生缺乏足够有效的翻译实践训练来进一步提升其翻译理论和技巧，也不能对翻译课程有一个系统的认识。

教学模式单一。课程设置不合理进一步造成翻译教学的单一性，具体表现在教材单一、教学方法单一和测试手段单一。在教材方面，笔译教材建设明显滞后，难以满足和适应当今社会对翻译的要求。在教学方法方面，大部分高校笔译课堂仍遵循传统的教学方法，即教师讲解—学生练习—教师批改—课堂讲评。教师往往指定一本出版物为教材，辅以自选材料或翻译练习。在测试手段上，无论是测试题型、考试内容，还是评分方式也呈现出单一性，这也不能客观地考评学生真实的翻译水平和能力。

教学互动不足。传统笔译课堂的社会界限明确，教师作为课堂的指挥者和操

纵者,而学生只是被动的参与者和知识接受者。在这种角色模式中,作为学生学习活动的唯一评判者,教师自始至终占主导地位。学生间、师生间的互动通常是在练习完成之后,由教师讲评。这使得学生之间很难进行适时交流和互相学习,教师也无法了解学生在表达过程中所遇到的困难,并适时提供帮助。

二、信息技术环境下英语专业笔译教学模式的构建

树立正确的教学目标。杨柳认为,信息素养应是信息化翻译教学的终极目标。所谓信息素养,包括运用现代信息技术检索、分析、选择、加工、利用、创造和传递翻译信息,提高翻译能力,解决翻译实际问题,从而提高个人素养的能力。

PACTE 研究组成员 Allison Beeby 提出了在翻译教学中发展翻译能力的四个主要目标,即培养学生的转换能力,培养学生的语言对比能力,培养学生的语篇对比能力,培养学生的非语言能力。冯全功则认为,翻译能力是一个动态发展的概念,并提出职业能力的概念。他认为,职业翻译能力由历时翻译能力和共时翻译能力两部分组成,其中历时翻译能力是基础性组成部分,具体包括双语知识、文化知识、风格知识和认知能力;而共时翻译能力则是区别性组成部分,主要指在新的社会翻译环境中职业译者所需掌握的能力或必备的素养,如专业领域知识、职业知识、实用翻译理论(技巧)知识、翻译工具(软件)运用能力、信息检索能力、文献编辑能力、基本管理能力、自我评估能力、快速学习能力、团队合作精神、生理—心理承受能力等。Kiraly 认为,翻译能力是指一种"复杂、高度个体化、社会化的进程,由文化、认知以及直觉相互作用形成"。因而,除了基本的翻译技能,信息化笔译教学应注重发展学生的学习能力和学习主体性,具体来说,应以培养学生运用现代信息技术检索、分析、选择、存储、利用、创造和传递翻译信息,解决翻译实际问题的能力作为教学目标。

师生互动、生生互动、人机互动的多维教学环境。杨柳曾指出,以现代信息

技术为支持的多媒体教室、校园局域网或因特网等教学环境具有开放、虚拟和跨越时空的特征,可使丰富的教学资源立体生动地展现给学生,营造仿真社会情景,并将师生互动、生生互动延伸至课堂外。

不同于传统翻译教学模式,信息化笔译教学模式的显著特征之一是营造了信息化教学环境,并强调学习群体性和交互性。信息技术的应用有利于形成交互的学习氛围,从而实现教师与学生、学生与学生,以及人机之间的信息交流。一方面,在信息技术支持下,教师可以充分发挥教具优势,直观生动地展示和讲解课堂内容;关注学生的整个翻译过程,有目的地引导交流活动,并针对学生在翻译过程中遇到的问题和困难给予及时的帮助指导;可以随时调出学生的译文进行交流展示,使学生获得成功的体验,并激发其学习动机。另一方面,网络环境的自主、互动式学习氛围实现了学生间的互动,学生可以在网上进行交叉式和自由式的交流合作,如相互发送邮件、聊天,可以在对方允许的条件下相互调看作业。由于每个学生的认知结构和认知水平不同,学生间的合作互动既能实现相互启发、相互补充,减少学习中的困难,又能增加人际情感交流,激发学习兴趣。可见,信息化笔译教学模式使学生在多媒体的帮助下成为一个或若干个翻译群体,从而有助于翻译知识和技巧的内化,既能有效激发学生学习翻译的兴趣和潜力,又能使学生更深刻地融入翻译实践,并真正提升其翻译实践能力。

教学内容的转变。知名翻译学者Douglas Robunson形象地把当代译者比作"电子人",强调今天的翻译无法脱离电脑及网络。因此,除了传统的教学内容,教师应使学生熟练掌握机器翻译软件和网站系统(计算机辅助翻译,CAT)。与传统的纸质翻译工具相比,翻译软件的自学、记忆功能,以及强大的语料库功能都是翻译软件不可比拟的优势。如国内的金山词霸和金山快译,雅信CATS,中国在线翻译网、华建翻译网,国外的Babylon Pro翻译家、Web Translator网页翻译家、Magic Translator翻译魔法师等翻译软件和网络。同时,双语平行语料库和检索工具也是翻译实践中的重要工作平台。它不仅为某一检索词或短语以及常用结构提供了丰富多彩的双语对译样例,也提供了丰富的可随机提取的一本多译的对照参考。与传统教科书和工具书相比,平行语料库的语料内容广、语料新、语境丰富,而且检索功能强大,有助于揭示双语转换复杂而丰富的对应关系,从而丰富学生的语言表达能力,促进语言学习的内化。

因此,在翻译教学活动中,教师应鼓励学生利用机器翻译软件、机器翻译网站、双语平行语料库等工具进行自主学习,如何向学生介绍利用网络资源开展口、笔译前背景知识检索和语用实例,双语词汇收集工作,也可引导学生课下利用网络搜寻与学习内容相关的翻译材料,进行英汉互译,并组织相互交流与评价。这不仅能增强教学内容的丰富性和趣味性,还可达到提高教学效率和教学水平的目的,也为学生未来从事真正的翻译实践活动做好准备。

教学方式从以教师为中心转向以学生为中心。从教师中心向学生中心转变是翻译教学的发展趋势之一,而信息技术的发展则加速了这一趋势,从而逐渐构建"教师主导—学生主体"的新型教与学方式。在信息化笔译教学模式中,教师由知识的单向传授者和学生表现的唯一评判者变为学习过程的设计者、协作者、参与者和诊断者,其主导作用主要体现在分析教学需求、确定教学目标、创建教学情境、学生分组、课堂讲授、总结评析,从而有效激发学生的学习动机,进行自主、协作、探究式的学习。传统笔译课堂教学存在学习时间、学习空间、学习资源等诸多因素的限制,学生缺乏学习自主权。而基于计算机和多媒体网络的笔译教学却以信息资源库和虚拟化教学环境为依托,具有信息丰富、时空灵活、覆盖面广、信息可保存等显著特点。

因而,自主学习成为信息化笔译教学模式的重要组成部分。教师在利用现代信息化手段设计教学资源、任务和环境等教学要素时,应注重培养学生的自主学习能力。自主学习具有学习内容的可选择性、学习方法的多元性、学习资源的丰富性等特点,它在调动学生的学习主动性以及挖掘和发挥学生潜能方面具有明显优势。但同时还需认识到,自主学习与课堂教学并不矛盾,它既是现代课堂学习的一种形式,又是课堂教学的必要补充。学生在自主学习中具有选择学习内容的自主权,这并不意味着选择的随意性,学习内容应服务于学习目标的实现,要在老师的指导和建议下进行。这一新型教学模式对教师素质的要求也相应提高。教师不仅要具备较高的专业翻译知识和技能,还要精通信息技术的运用,更需要吸收现代教育的新理念。

教学测评。作为检验教学质量的重要途径,测试是教学过程的有机组成部分。传统笔译测试方法采用单一的汉译英、英译汉测试,无法真实、全面地反映整个教学过程和效果。这种翻译评价往往受到诸多译文以外因素的影响,如教师的主观判断、经验水平、态度、心情、疲劳程度及时间限制等。然而,以信息网络技术为依托的翻译测评则可在一定程度上消除翻译反馈主观性强的弊端。穆雷曾指出,科学的翻译测试特征之一是合理评分,尽量使用机辅评分系统。

除译文测评外,网络还可用于学习过程的评价,改变传统的单一终结性教学评价体系,促进形成性考核机制的建立和实施。形成性评价,是依据学生课内外学习活动记录,包括自评、学生互评、教师评价和小组评价等。由于网络能提供各种智能化的评价方式,学生可随时检测自己的学习情况,教师也能更直观、系统地记录每个学生课内外翻译学习行为,包括自学、自测、译文发布、讨论、修改、学习进步和困难等,形成个人学习档案。可见,网络环境下的检测不仅能由学生自己掌握,从而有助于消除考试焦虑,而且网络检测的非人性化特征也避免了教师评价的主观性。

面对 21 世纪这个高度信息化的时代,笔译无论在翻译内容、翻译过程和翻译方法上都不可避免地采用信息科学和信息技术。信息技术环境下的笔译教学模式的构建不仅实现了现代教学所倡导的以学生为中心,提高学生自主学习能力的教学理念的转变,还为学生创造了更为自由的学习氛围和发展空间,同时也为教师的个性化教学提供了极大的支持。总的来说,在信息化笔译教学模式下,学生通过计算机网络和经多媒体技术处理的信息资源库,建立自己的学习平台,在教师的指导下完成学习任务,扩展知识结构。这一自主、互动的教学模式不仅能激发学生的学习主动性,也有利于培养他们主动获取信息和分析问题、解决问题的能力,从而培养出真正适应信息化社会的高层次、应用型、职业化的笔译人才。

第四节 基于现代信息技术的大学英语"多元互动"教学模式

在世界经济一体化的时代背景下,我国在贸易、经济和政治方面与国际日益接轨,目前,我国社会迫切地需要具有高素质和高水准的综合性人才,培养学生的外语运用能力成为高职院校的关键任务。教学大纲对英语课堂教学提出了新的要求,教师需将学生语言综合运用能力的培养作为首要教学目标。若要加强对学生英语应用能力的培养,教师需转变教学观念,从传统的"以教师为中心"何转变为"以学生为中心",将学生作为教学主体,构建起"多元互动"英语教学模式。

一、大学英语教学模式的"多元互动"性原则

(一)主体性原则

"多元互动"教学模式是师生之间建立的相互作用关系,在此教学模式之下,教师与学生均为课堂的主体,其中教师为课堂中教的主体,而学生则为学的主体。多元互动式教学模式将教师与学生并列为教学课堂的主体,在强调学生主体作用的同时也提到了教师的主导作用。教师作为教学实践中的一员,需最大化地运用英语教学内的各项要素,认识到学生个体化特征,充分培养出学生的思维能力和创造能力。

（二）互动性原则

互动可分为显性互动和隐性互动，其中隐性互动又可细分为多种互动，在英语教学过程中，各种教学互动形式都是有所关联的。教学组织形式、教学方法、教学内容和教学手段在多元互动教学模式中融为一体，使抽象的英语教学思想转化为可操作的具体教学策略，使学生能够不断适应、感受、判断和实践自己的学习行为，最终实现英语教学课堂的"多元互动"模式。

（三）创新性原则

探究精神是引导学生进行思考和创新的前提，学生对知识进行探究时，才能逐步完成参与、思考、实践和启发的学习过程。在探究精神的引导下，学生的判断思维能力和创新思维能力得以提高，促使学生在英语学习过程中不断超越自我，以取得更佳的英语综合运用能力。"多元互动"教学模式倡导学生进行创新，为提高大学英语课堂教育做出贡献。

（四）多层性原则

多层性原则不单是局限于教师与学生之间，还表现在学生与教学信息、教学内容和教学结构方面。在多元互动教学模式中，学生的学习过程并不是单向的认知过程，而是一种学生、教师、设备之间的多向互动行为。多层性的多元互动教学模式以网络为基础，尊重学生的个体化发展，根据因材施教原则满足不同知识层次的学生需求，使每个学生能够积极参与到多元互动教学模式中。

二、"多元互动"式教学模式的构建

（一）课堂教学模式为主

从国内目前的教育形式来看，课堂教育仍然是主流授课形式，因此，即使在现代信息技术的冲击下,教师也不可忽视课堂教育的重要作用。若要取得更高的英语教学效率,教师就必须充分利用好课堂教学,为学生建立起良好的学习交流场所,发挥互动式教学课堂的优势。在自身为主导作用的前提下,教师可借助现代信息技术设施进行针对性的任务布置,例如,在授课前在校内贴上发布与课程相关的内容,使学生能够通过自己的思考和实践完成教学内容,有利于提高学生的知识创新能力和独立思考能力,充分激发学生的主观能动性。教师要合理运用现代信息技术,开展小组讨论、集体谈话、案例讨论、角色扮演和自由谈话等教学活动,实现教师与学生、学生与知识、教师与知识等多方面的互动,多元互动教学模式的使用能够有效激发学生对英语的学习兴趣,锻炼学生的独立思考能力、问题解决能力和语言运用能力,让学生在教师的引导下成为课堂的主人。

(二)现代信息技术为辅

现代信息技术的使用在很大程度上丰富了英语课堂教学形式,并且激发了学生对英语的学习兴趣。交互功能的广泛使用让师生之间的沟通方式得以扩展,同时实现了同步和异步交流功能,为英语教学课堂提供了多种学习情景,具有多元化、多样化和主动化的功能特点。学生在学校提供的学习平台下,运用现有场所、资源和设备,在自身认知基础之上实现个人英语知识体系的构建。在现代信息设备的帮助下,学生可自主开展学习任务,英语教学不再局限于传统意义的课堂教学,而是在课堂教学的基础上不断引申和加强,实现学生个性化学习。教师和学生在此教学模式下,不再局限于场所、时间和引导者,可通过网页留言、聊天软件、校内网站和网络论坛等方式进行自由化沟通。多元互动的教育模式充分激发了学生对学习的学习兴趣,为教师和学生提供了良好的教学平台,在很大程度上弥补了传统课堂教育的不足,为大学英语的教学提供了立体化的教学平台。

(三)课堂教学与现代信息技术的相辅相成

英语教学的主要平台便是课堂教育,是实现英语知识传授的主要途径,在网络环境下,教师可采用针对性教育辅助课堂教学,通过第二教学课堂的开展实现英语教学活动的多元互动性。课外活动的开展可使学生对课堂所学知识进行巩固,为学生创造出可实践和运用的机会。此外,课外活动的氛围不同于教学课堂,相对更为轻松的环境能够让学生自由发挥自身的协作、交际和综合运用能力,在学生英语知识体系的构建上具有积极意义。教师可辅助成立英语学习小组,鼓励学生积极参与,定时举办英语辩论赛、英语写作评比和英语电影赏析活动,让学生能够拥有自由发挥的英语交际平台。通过多元互动教学模式的实施,引导学生自主学习英语,充分激发出学生对英语的学习兴趣。外语教学的主要目标是学生的"学",而非教师的"教"。教师在英语教学过程中需充分激发学生的主观能动性,引导学生最大程度地参与到英语课堂教学中。

在新兴技术发展背景下,传统英语教学课堂已经在教学空间、教学手段、教学时间、教学内容和教学方式方面产生较大改变,原本冗长、单调的英语课堂教育在现代化教学设备的帮助下得以改善,强化了学生对英语知识的学习,促使学生参与到英语课堂教育中,在很大程度上提高了英语教学的教学质量。

第五节 基于现代信息技术的大学英语自主学习教学模式

教育部 2007 年制定的《大学英语课程教学要求》提出,各高等学校应充分利用现代信息技术,采用基于计算机和课堂的英语教学模式,改进以教师讲授为主的单一教学模式。新的教学模式应以现代信息技术,特别是网络技术为支撑,使英语的教与学可以在一定程度上不受时间和地点的限制,朝着个性化和自主学习的方向发展。同时指出,教学模式改革的目的之一是促进学生个性化学习方法的形成和学生自主学习能力的发展。随着我国高等教育的发展及大学英语教学改革的深入,各所高校根据非英语专业学生的实际情况,相应采用了不同的切合本校学生实际的科学、系统及个性化的大学英语教学模式，并在实践中不断探索和完善。

黑龙江科技学院在2005年进行本院大学英语教学改革之初，依据《大学英语课程教学要求》（2004年试行），在本院教改指导思想中明确了要广泛采用多媒体和网络技术，促进教学模式的改革，并指明学生是学习的主体，在大学英语教学中要充分调动学生学习的主观能动性，注重培养学生自主学习的能力。在此指导思想下，从2005年9月开始，选取2004级和2005级非英语专业部分学生进行基于现代信息技术的大学英语自主学习教学模式改革实践，历经两年试点，取得了一定成效。从2007年9月开始，学院根据《大学英语课程教学要求》，在非英语专业学生的大学英语教学中，依托《大学体验英语》这一立体化教材，全面实行基于现代信息技术的大学英语自主学习教学模式，充分体现出《大学英语课程教学要求》提出的课程设计的个性化及教学模式的网络化。

一、基于现代信息技术的大学英语自主学习教学模式的理论基础

基于现代信息技术的大学英语自主学习教学模式的理论基础是瑞士心理学家皮亚杰奠基的建构主义学习理论。该理论对基于现代信息技术的大学英语教学具有极大影响。在学习方法上，建构主义理论倡导教师指导下的以学习者为中心的学习，强调学习者的认知主体作用，同时并不忽视教师的指导作用。该理论"强调以学生为中心，不仅要求学生由外部刺激的被动接受者和知识的灌输对象转变为信息加工的主体、知识意义的主动建构者，而且要求教师要由知识的传授者、灌输者转变为学生主动建构意义的帮助者、促进者。这就意味着教师应当在教学过程中采用全新的教学模式、全新的教学方法和全新的教学设计思想"。以学生为中心的实质就是提倡自主学习，而基于现代信息技术的大学英语自主学习教学模式正是建构主义学习理论和自主学习策略相结合的充分体现。

王笃勤认为，课堂教学有其自身的局限性，大学英语教学"更多的是依靠学生课下自主学习的开展。学生的个性差别也要求学生根据自己的具体情况开展听、说、读、写、译的相应训练"。还指出，"自主学习能力的培养一般是采取策略培养的模式，自主学习能力的培养需由认知策略的培养和元认知策略的培养两部分组成，通过认知策略的培养，使学生了解并掌握各种学习策略技巧，如听的技巧、交际策略、阅读策略、写作技巧、翻译技巧和解题技巧；通过元认知策略的培养，使学生养成制订学习计划、选择学习方式、安排学习任务、监控学习过程、评估任务完成情况的习惯，从而一步步走向自主"。

基于现代信息技术的大学英语自主学习教学模式以网络为支撑，能够充分体现学习者的主体地位，以自主、自发、独立学习为主，是大学英语课堂的外延，也是课堂教学的必要补充。该教学模式在教学和学习过程中能有效地调动学习者的积极性、主动性和创造性，更加高效地实现大学英语的教学目标。

二、基于现代信息技术的大学英语自主学习教学模式的构建

黑龙江科技学院实行的基于现代信息技术的大学英语自主学习教学模式是一种"课堂教学＋学生网络自学"的模式，这种模式包括课堂教学、网络自学和课外活动。课堂教学中，教师充分发挥主导作用，利用课堂教学所用的教材，引导学生掌握听、说、读、写、译的基本知识和技能，体现学生的主体作用，使课堂成为学生展现自己语言才能的舞台。网络自学中，充分利用多媒体和网络技术，打破传统课堂在时间和空间上的局限，使英语教学和英语学习朝个性化、自主式、自我建构式学习方向发展，给学生创造自主学习环境，培养学生的自主学习能力。课外活动主要指与大学英语相关的课外素质教育活动，如英语角、各种英语技能比赛等，让学生在实践中检验自己的英语综合应用能力。

基于现代信息技术的大学英语自主学习教学模式的硬件基础是学校拥有计算

机网络系统和计算机网络教室并配有专业计算机管理人员。学校在2005年6月引进了《大学体验英语》全新立体化系列教材的网络学习系统，并对教师和学生分别进行课程管理和课程学习的培训，为学生完成网络自学课程的学习奠定了基础。《大学体验英语》是高等教育出版社设计开发的立体式系列教程，倡导基于"计算机／网络＋课堂教学"的新型教学模式，充分注意了课堂教学与课外自主学习相结合，使课堂教学内容在课外得以延展。该系列教材中的大学英语学习系统、多媒体学习课件等为英语教学网络化及教学手段现代化提供了立体、互动的英语教学环境。多媒体课件提供了中外教师的双语课堂讲解、难点解析、跟读与交互训练，可供学生自主学习，网络自主学习系统可供学生学习、训练、测试，自动形成监测记录。

在实施基于现代信息技术的大学英语自主学习教学模式改革实践中，学院施行分层次教学，对二本和三本学生分别配置不同的课堂教材，网络自学课程内容虽然相同，但网络自学级别分配设置了不同的要求。在学时分配上，课堂教学为每周每班四学时，网络自学每周每班二学时。在学生课程成绩评定上，采取形成性评估和终结性评估相结合的方式，将网络课程的成绩纳入形成性评估。

三、基于现代信息技术的大学英语自主学习教学模式实践

黑龙江科技学院自2007级非英语专业学生开始，对大学英语课程的教学采用基于现代信息技术的大学英语自主学习教学模式，具体的教学流程如下。

课堂教学。传统课堂教学面授有其自身的优势和必要性，因此，学院重视课堂教学环节，推广实施以学生为中心的主题教学模式。无论二本及三本学生课堂教学所用的教材均为国家规划教材，课本每一单元的听、说、读、写、译各项技能的培养与训练都围绕同一交际主题展开。教师充分发挥主导作用，要求学生对每一单元的主题进行预习并借助图书馆及网络查找资料，在课堂上引导学生对相

关话题按听、说、读、写、译分项技能进行研讨，给学生提供自我展示、畅谈主题、语篇分析、模拟练习及技能训练的机会，并及时对学生进行评价，答疑解惑，培养学生英语综合运用能力。

网络自学。大学体验英语学习系统设计人性化，使学生通过人机互动，达到有话想说、有话会说的目的，激发学生自主学习的兴趣，满足个性化学习的需要，培养提高学生的听说能力。学生的网络自学与课堂教学一样排入课表，在学生第一次进行网络课程学习之前，由任课教师在主控机内输入学生的个人信息和卡号，进而自动生成学生个性化密码，为进入学习系统做好准备。学生进入学习系统第一步是进行基本能力初始测试，测试成绩达到及格标准，将自动越过0级学习课程进入1级学习课程，不合格者将自动进入0级课程进行学习。课程分为0—6级，学生自主掌握学习进程，每学期基本能完成1—1.5个级别的学习内容，学习时间、进度和网络自学的成绩也由系统自动记录。

课外素质教育活动。是学生进行课外自主学习的一种表现，每学期组织学生参加英语角或无线耳机听说，及各种不同内容、不同形式的相关英语竞赛活动，由教师对学生的参与情况做出及时准确的评价和记录。

课程评价。学生的大学英语课程成绩由形成性评价和终结性评价组成。形成性评价和终结性评价分别占有的成绩比例根据每学期具体情况的不同来调整，现以黑龙江科技学院2010—2011学年第一学期的大学英语成绩评定方案为例：学生的期末成绩由形成性评价成绩、终结性评价成绩和素质教育活动加分组成，采用百分制。形成性评价占50%，采用课内外考评相结合的形式。其中学生课内教学活动占20%，分别由出勤表现（5%）、口语表现（10%）、平时测试（5%）组成。学生课外教学活动占30%，分别由作业（5%）、网络自学（10%）、学期大作文（10%）、英语角（5%）组成。在形成性评价中，口语表现10分由学生个人日常口语表现4分＋团队口语表演6分组成；平时测试5分是各教研室根据不同教材分层次确定考核内容随堂进行,本学期进行 2 次;作业 5 分由各教研室根据不同教材、不同授课对象按听、说、读写分项进行,要求教师全批并讲解;学期大作文 10 分,该作业在学期最后一次课前上交,课程结束前 2—3 周,老师根据每个单元的写作教学内容,向全班学生分组布置不同的题目,学生通过课外查阅资料,在课外完成;网络自学成绩 10 分,执行网络教学设计小组制订的考核方案,按学生的起始级别、学习进度及网络学习系统给出的听说综合成绩计分;英语角则根据学生参加英语角的表现加分。终结性评价占 50%,对学生进行期末测试,分层次按教材出题,试题由主观题和客观题两部分构成,题型为听力、阅读和翻译。素质教育活动加分:由教研室根据本学期教学活动的层次和比例确定。

多年来的基于现代信息技术的大学英语自主学习教学模式的实践表明,该模式具有教学效率高、信息输入量大、能实时评价等优势,实现了培养学生的英语综合应用能力,特别是听说能力以及增强学生自主学习能力,提高学生综合文化素养的大学英语教学目标,具有可行性和有效性。该模式将课堂教学和网络自主学习结合起来,教师在课堂上激励信心、指导学习策略、检查学习效果、管理组织学生,网络学习系统则赋予学生学习自主权,实现个性化教学及个性化学习,培养学生多方位学习和终身学习的能力。从学生和教师的反馈看,无论学生和教师都认为这种模式调动了学生语言学习的兴趣,使学生自觉学习、自愿学习的主观能动性得到充分发挥,使大学英语教学多年来的"哑巴英语"现象逐渐改变,达到了语言学习的实用性目的。网络学习系统对学生的学习进行即时评价,学生很有成就感,激发了学习动力和进取心。从学生的学习成绩看,学生的口语成绩和课程成绩均有大幅提高,一次性及格率提高明显。在基于现代信息技术的大学英语自主学习教学模式操作中,需要注意的是该模式是将课堂教学和网络自学相结合,二者不能相互取代,而要优势互补,以学生为中心的自主学习也绝不是让学生完全自由活动,而是在教师指导下的自主学习课堂,教师要肩负的是指导、监控、评价的职责,需要不断更新教学理念,进行理论与技术培训,提高自身素质。

基于现代信息技术的大学英语自主学习教学模式还处于实践探索阶段，仍有许多问题需要探究，如教师如何对学生更好地进行自主学习策略指导，形成评估中网络自学成绩的合理比例，开发设计多教材多版本的网络学习系统，使学生能广泛选择适合自己的网络个性化自主学习等。随着教学改革实践的不断深入，基于现代信息技术的大学英语自主学习教学模式必将逐步得到完善，从而对更加高效地实现大学英语教学目标，优化英语教学，促进学生个性化学习方法的形成和学生自主学习能力的发展起到积极的推动作用。

第六节　网络信息技术背景下大学英语阅读教学新模式

大学英语教学作为高等教育的一个有机组成部分，对于培养学生全面发展、提高自身能力、适应国家社会发展和促进国际交流起着重要的作用。阅读是大学英语教学中的一个重要环节，然而传统的阅读教学已不能满足时代发展和学生自身需求。在网络信息技术日新月异的今天，如何进行积极创新，真正地激发学生学习英语的兴趣，提高学生的英语阅读及其他能力成了广大英语教师所关心的问题。

一、阅读教学的重要性及传统阅读教学的问题

在英语学习的四种基本技能（听、说、读、写）中，阅读占据着重要的地位。在语言习得过程中，阅读和听力属于语言输入，会话和写作属于语言输出。要想获得满意的语言输出就必须要有丰富优质的语言输入。大学英语阅读教学是大学英语教学中的一个重要的组成部分。它有助于提高学生的听说、写作、翻译等能力，并有助于拓宽学生的知识面，了解中西文化的差异，提高学生的交往能力。因此，要想提高学生的听说和写作能力，就必须改善和提高阅读教学。

然而传统的大学英语阅读教学以教师讲授为主，教学内容单一，信息陈旧，教学方法一成不变——（每堂课上老师都习惯从字词句开始带领学生进行语言、语法知识点和篇章结构的讲解和梳理）使学生上课缺乏主动性，没有使学生培养起自主学习的意识和良好的阅读习惯。

二、网络信息技术给大学英语阅读课带来的机遇和挑战

随着经济社会的飞速发展，现代科学技术取得了突飞猛进的进步。诞生于20世纪50年代的计算机网络系统对人类社会生活的方方面面和各行各业产生了深刻的影响并带来了诸多好处。其中对高等教育的渗透，给高等教育的发展带来机遇和挑战。

网络信息技术对高等教育的影响包括：

（1）网络信息技术为高等教育提供了新的教育手段和技术；（2）网络信息技术使教师的角色发生了转变——老师从文化知识的传授者和教育教学的管理者变成知识体系的建构者和人际关系的艺术家；（3）网络信息技术使高等教育的方式和方法发生了根本性的改变。它使传统的灌输式和被动式教育方式转变为兼有自主性和灵活性的方式，突破了时间和空间的限制；（4）网络信息技术使办学方式从单一的全日制教育向多层次、多形式、多规格的教育转变；（5）网络信息技术为学生提供了丰富和多元化的信息，能激发学生对现代科学的学习兴趣，帮助学生拓宽知识面，提高专业素质；（6）网络信息技术能培养学生的自我精神，发展学生的个性，使学生能自我完善和自我提高。

此外，网络信息技术还具有资源丰富、互动参与性强、传播路径多元化、传播模式多样化等特点（陈君均，2019）。这些优势势必对大学教育的课堂教学模式、教学手段、教学主体、教学资源等方面产生深远的影响（李逢庆，桑新民，2017）。

三、大学英语阅读课的新教学模式探讨

（一）教学内容的转变

以往的大学英语教学，都围绕着学校所订教材进行。由于一些客观因素所致（如经费短缺、老师们不想重新备课等）致使一套教材使用多年，因其内容陈旧，与时代脱节，学生学起来如同嚼蜡，毫无兴趣可言。但新兴的网络信息技术手段在日常教学当中的介入，老师可根据教材单元话题，从互联网或其他移动媒体终端（如 China Daily 的手机双语报和微信当中的 China Daily App 等），有的放矢地寻找和整理契合学生英语水平的阅读材料，从而丰富课堂内容，提高学生的学习兴趣。

（二）教学方式的转变

传统的英语阅读教学过多地关注教师的课堂讲授，学生只需要带着课本和耳朵就来上课。教学内容的按部就班，使课堂教学失去了活力和吸引力，学生失去了兴趣和自主学习的能力。

伴随着网络信息技术的日新月异，新的教学方式和手段也不断涌现，其中最具有代表性的就是微课、翻转课堂和慕课。

微课，顾名思义就是微型课程，它是一种以互联网为基础，融合了传统的教学模式的新型教学模式。它以微型教学视频为主要载体，针对某个学科的知识点（如重点、难点、疑点、考点等）或教学环节（如学习活动、主题、实验、任务等）而设计开发的一种情景化、支持多种学习方式的在线视频课程资源。它有三种类型：Picture story（PPT 式微课）、Lecture record（实录式微课）以及 Screen capture（利用录屏软件和先进的演示文稿软件录制讲授讲解过程）（闫姿颖，2019）。由于课程时间较短、内容丰富、传播便捷、课程可反复观看的优点，深受教师和学生的喜爱。

翻转课堂（Flipped Classroom）是一种颠覆了传统教学理念的新的教学模式。它采用"先学后教"的教学步骤，老师在课前采用录制小视频的方式，把教学的目标、重难点和相应的知识点等展现给学生，让学生在课前进行自主学习。在课上，老师组织学生进行讨论和交流来答疑解惑，帮助学生掌握知识。翻转课堂注重培养学生的学习主动性，有利于调动学生的学习积极性，它颠覆了教师在课堂中的主体地位，让学生真正成为课堂的参与者和建设者，有利于实现师生之间的真正互动，达到良好的教学效果。

慕课MOOC（Massive Open Online Course）是一种免费向大众开放的网络课程。它由加拿大教育学家George Siemens和Stephen Downes在2008年秋季创造的。它具有规模大、无边界、开放性、成本低和易获取知识的特点，因而受到世界各地学习者的追捧。慕课于2013年在中国出现了繁荣发展的局面，中国的许多知名大学，如北大、清华、复旦等都陆续开发并上线许多网络课程。慕课教学体现个性化。课前，老师把课程内容和资源进行整合，对教学当中的基本知识点，基本技能、重难点进行合理的安排，抽取部分内容，制作成小视频，发布到网上，让学生在课前进行熟悉和了解，从而为课上的进一步讨论做准备。在课堂教学中，老师变成了课堂的组织者和引导者和学生思想的启发者（杨娟，徐琳，2018）。

（三）教学主体的改变

老师不再是学生获取知识的唯一来源，也不再是课堂教学的主导者。采用微课、翻转课堂或慕课的教学方式，势必会削弱教师以往的主体地位，激发学生从课前就融入教学，发挥自己的主观能动性，进行积极的学习。老师则变成了课堂教学中的引导者和辅助者。

（四）教学评价方式的转变

网络信息技术对教学的渗透使老师可采用多种方式来评价学生，获得对学生英语能力的较为全面的认识。老师可在课前的自主学习、课上的讨论等环节，课后的知识巩固和拓展活动中对学生进行评价，评价不再局限于一张试卷成绩，评价可以是多样的、动态的、不受时间和空间限制的。

网络信息技术的飞速发展给大学英语阅读课注入了活力。新型教学方式的涌现（如微课、翻转课堂和慕课等），给大学英语课带来了生机。大学英语教师们应转变观念，勇于接受科技发展给教育带来的机遇和挑战，结合学生特点采用不同的教学方式来帮助学生真正地提高英语阅读能力及英语水平。

第七节　信息技术环境下大学英语视听说混合学习模式

美国作为信息技术和教育发达国家，早在 2001 年中小学网络化的普及程度就达到了 99%，在这方面的研究相当丰富，美国教育部门已在各级学校进行和实践多种新型的教学模式，如基于问题的学习模式、基于项目的学习模式、基于资源的学习等，很多学者如 Roblyer，Graig Barnum 和 William Paarmann 等提出并研究具体的整合教学模式和效果，为语言教学提供了很好的参考。在国内，蒋学清、张红玲等提出了整合信息技术的外语教学的基本模型。因此，通过留学发达国家研究和学习此方向最先进的理论和实践知识，无疑是非常有意义的。

一、影响大学英语听说教学效果的因素

缺乏真实的英语学习和使用环境。大多中国学生可以看懂句式复杂的文章，写出结构完整的短文，在题型多样的听力理解考试中也可以取得很好的成绩，但在日常生活中与英语母语者交流却遇到阻力，甚至连诸如询价、指路等最基本的日常生活用语都无法清楚表达。究其原因，课堂中所营造出的模拟语言环境，是教师根据教学大纲及教学内容，有目的地加工、提炼而成。由于时间、课型及人数等因素限制，课堂中无法将日常生活中所遇到的每个真实语境完整呈现。多数

学生除了有限的课堂学习外,很少在日常生活中接触和使用英语。多媒体网络课堂及语言实验室虽然在一定程度上带给学习者真实的语言环境,但因受到时间及地点的限制,无法提供及时(just-in-time)学习的环境。

评价体系需要多元化:

评价主体的多元化。根据建构主义理念,学生不是外部刺激的被动接受者而应该是知识意义的主动建构者;教师不是知识的灌输者应该是学生主动建构知识意义的帮助者。学生应自我监督、自我测试、自我反思以检查、了解自己建构新知识的过程及成效,从而随时改进学习策略,达到最终的学习目标。

评价方式的多元化。传统的大学英语评价方式缺少主观性和灵活性,过度重视以标准化试题为主的结果评定,这使得学生过于注重以基础知识为主的考试成绩而忽视学生实际运用语言的能力,不能很好地调动学生参与评价的积极性,也不利于学生的个性发展。

评价标准的多元化。由于听说能力固有的特殊属性,在实际评价中很难定量评价。在听说教学中,只针对学生所获得的知识、技能、能力等方面的评价标准已无法照顾到学生的个体差异,也无法帮助学生充分挖掘和展示其个人潜能。

学生缺乏参与度及自主能力。信息技术环境为自主学习提供了自然环境,增强了学生的学习动机。但是,过量的学习资源可能对那些缺乏自我调控的学习者来说并不是一件有益的事情。网络学习环境的特征往往使学习者迷航(Begoray,1990)。成功的网络自主学习需要自我调控和元认知能力。在以教师为中心的大学英语听说教学课堂中,教师和学生都缺乏自主性,不利于自主学习的发展。

二、在信息技术环境下建构大学英语听说课程混合式教学

利用"理工在线英语"网络平台及资源,为学生提供及时学习的空间。

本校"理工在线英语"网络学习和管理平台的建设与使用,将课内课外打通,

在最大限度地降低模拟环境的负面影响的同时，也为学生提供随时随地学习的环境。学习者处于不同情境中产生学习的需求时，则通过无线通信技术与"理工在线英语"网络相连来查询相关的信息。这种以网络为平台的情境学习（Situated Learning）和学习共同体（Learning Community）的创建，使语言学习不再是一门孤立的课程，而真正成为一种社会活动。

利用英语实验口语网络平台，实现课堂教学。我校结合了本校大学英语教学实际情况，通过口语实验网络平台，实现将传统的口语课堂活动和创新性的"网络语言实验"活动相结合，设立了大学英语口语实验课程。本人有幸参与该课程的教学任务。

该课程课上以学生熟悉的实验模式进行分组教学，课下要求学生以真实语境为前提行口语训练，并录制即时音、视频上传到网络平台。在教学中，特别注重学生学习过程与成果的收集、保存与及时反馈，有效记录学生实验活动，做到听、说两种技能有机结合。

考虑到学生的智能差异全面发展的需要，该课程的评价内容不仅注重学生所掌握基础知识，而且包括对学生综合能力和素质的评价，即学生英语学习态度、学习策略、习惯、自主能力等。此外，在评价环节加大了学生参与度，实施师评、自评和互评三方结合的模式。这样做，一是使评价更加客观具体，二是使学生实现横纵对比，所谓横向对比，即学生通过自评对进步和提高程度内省；所谓纵向对比，是通过互评，了解其他学生的情况。所有的任务和评价内容，音、视频，文字都有记录，在任何时间都可被调取比较，方便教师和学生掌握进步情况，进行评价。通过教师评价与学生自评和互评，了解学生的语言掌握情况，学习进程、完成学习任务的情况以及存在的问题，发挥学生学习的主动性，培养学生自主学习的能力，提高教师教学管理水平。

研发可输入性个人词典，增加学生参与度。现有网络词典均为软件公司统一定制、编写的。为满足学生个性化英语学习的需求,本人所在课题组设计并研发了一款可输入性开放式个人词典。词典使用者可以根据自己的英语学习及教学的历程自主创建、编辑或组织词条,修改对单个单词的注释,也可以加入备注、检索、链接以及网络共享。可以让学生充分发挥创造力,从被动的知识接受者成为主动的知识创造者,从而增加学生的参与度及自主能力。

合理利用信息技术辅助大学英语听说教学既符合语言习得规律,又顺应时代发展潮流,并能有效地提高学生英语听说的兴趣和效率。同时也应该意识到只有在教师的精心准备和选择下,与教师的课堂教学合理有效结合,网络资源才能更好地服务于大学英语听说教学。

第八节 信息技术与多模态语境下的大学医学英语口语教学模式

根据教育部颁发的《大学英语课程教学要求(试行)》,大学英语的教学目标是培养学生英语综合应用能力,特别是听说能力;设计大学英语课程应大量使用先进的信息技术,推进基于计算机和网络的英语软件教学,为学生提供良好的语言学习环境与条件。新的教学模式应以现代信息技术为支撑,体现英语教学的实用性、文化性和趣味性融合的原则(教育部高等教育司,2007)。近年来,网络技术和多媒体技术在我国高等院校中逐渐普及,尤其是大学英语教学,善于结合视频、音频、图像等多模态来提高教学质量。

随着我国医疗卫生事业的发展,社会对复合型医疗人才的要求,促使医学类院校更加注重医科学生专业外语素养的培养,从社会需求、教学实际、学生能力等方面出发,增强学生医学英语的实际运用和真实情境下的口语交际能力,以适应专业发展的要求和国际社会需求。

一、多模态理论

模态（modality）是指社会交流的一种媒介，即人类感知世界、通过各种感官（视觉、听觉、触觉、嗅觉和味觉）与外部环境进行的互动方式，由此产生了五种交际模态——视觉模态、听觉模态、触觉模态、嗅觉模态和味觉模态（赵慧娟，2014）。多模态话语是指运用多种感觉，通过图片、语言、手势、表情等多种符号系统完成的交际。多模态话语最早的研究者之一是R.Barthes，她在1977年发表的论文《图像的修辞》（Rhetoric of the Image）中探讨了图像在表达意义上与语言的相互作用；在20世纪90年代，Kress和Van Leeuwen作为多模态话语分析研究的主要代表，研究探讨模态与媒体的关系，认为语言和其他非语言符号都是传达意义的载体，其各种模态各自独立但又相互影响、相互作用。Kress, G.还探索了科学课课堂中通过多模态互动表达和构建意义的过程。多模态话语分析理论基于系统功能语言学和符号学，为单一模态无法表达清楚的语境提供了新的渠道。

二、多模态理论与大学医学英语口语教学

在全球化不断发展和深化的现代社会，随着国际交流和现代医学的发展，国家和社会对医护人员的专业英语能力的要求逐步提高。在我国，大部分医科类院校已着手加强对医科类学生的英语能力的培养，向国际化医疗卫生人才靠拢。因此，医科类学生的医学英语教学有待进一步改善。

对于医科类院校来说，传统的医学英语教学主要集中在词汇教学，要求学生掌握大量的医学英语词汇，以及基础的医学文献写作和阅读能力，以实现其能阅读国外先进医学文献材料和进行英语医学文献写作的目标，而往往忽略了对医学英语的口语交际能力的培养。同时，由于英语是公共学科，医学类学生与英语

教师的人数比例过大，导致医学英语的授课班级规模偏大，往往是50多人乃至100人一个班。大班教学在很大程度上制约了教学方法的灵活多变，教师往往只能采用较为传统的教学模式，通常以教师讲述为主，采用较为单一、传统的教学法，如任务型教学法、小组讨论、PPT展示等。在教学过程中，学生往往缺乏足够的学习兴趣和积极主动性，并未得到足够的机会锻炼语言的实际运用能力和交际能力，从而制约教学效果。

医学类高年级学生具备一定的医学英语写作能力，能较好地理解和应用国外医学英文资料，却不敢开口或是无法流利进行医学方面的英文口语交流，这样的现象在我国医科类院校中非常普遍。因此，为满足现代医学发展和社会的要求，医学英语口语教学需不断探索新的、有效的教学模式。

常见的教学方法如讲述法、PPT演示法、角色扮演法、课堂讨论法、实际操练法等，虽具有各自的侧重点和优势，但若只是采用其中某一种，只能解决一个问题或实现一个目标，长此以往，并不能满足"具有良好的读写能力和口语交际能力"的培养目标。因此，在现代信息技术的强力支撑下，教师需要将新的、多模态的教学模式应用到实际英语教学中，多种教学模式相融合。

多模态教学理论主张利用视频、音频、图像、角色扮演等多渠道、多教学手段来调动学生的多种感官协同运作参与语言学习，亲历教学活动，参与教学互动。多模态教学要求学生在吸收知识的同时，进行相应模态的有效产出，从而达到预期的学习效果。多模态的英语教学模式是社会发展的要求，是对传统教学模式的补充，是对现有的教学方法的有效融合和改进，是英语教学改革的一个必然趋势和必然选择。

在现代的大学英语课堂中采用多模态教学方法可以对多媒体资源进行合理有效的整合利用，并通过生动、高效的方式传递给学生，在活跃课堂氛围的同时，进一步实现师生之间的良好互动，改善学习效果，提高课堂教学的效率，培养学生的学习积极性和自主能力，从而培养学生的多元化的英语识读能力和语言实际应用能力。

三、信息技术和多模态语境下的大学医学英语口语教学模式

在传统的单一模态的医学英语口语教学中，教师通常是课堂的主导，由教师提供文字或音频的口语材料，在引领学生进行词汇、语法、句法等相关知识点的学习后，带领学生进行诵读，然后进行实际操练。在这样的课堂中，学生往往被动地接受教师提供的学习材料，参与到话语模态或听觉模态的活动中，然后进行阅读、记忆和模仿的练习，缺乏足够的学习兴趣和积极性。单一的文字或音频材料，只能对学生的视觉和听觉进行刺激，而语言交际往往具有多样性和不确定性，仅在其中一个或两个模态的语境下，学生不一定能够对复杂的医学英语词汇或表达产生足够的理解和深刻的记忆。以至于在实际口语操练中，要不是对教学材料进行机械化的重述，要不就是无法流利地进行口语表达。在大班模式中，由于课堂时间和教学目标的制约，教师难以对学生进行一一指导，而学生无法进行有效的知识产出且未得到教师的及时帮助，便容易产生挫败感，久而久之，学习兴趣和积极性也会受到影响。缺乏良好课堂学习效果，学生的医学英语口语能力得不到有效的提高，会对其日后的学习工作产生不小的影响。这也是部分医科类院校英语口语教学效果不显著和医科类学生英语口语交际能力不强的主要原因之一。

在信息技术的支持下，多模态教学模式的采用，能使学生通过多种渠道尤其是网络渠道获取相关信息，在获取信息的同时，学生可主动地对信息进行筛选和初步理解，然后更多地参与到以学生为中心的课堂活动中，或利用多媒体进行个别化自主学习。如可以让学生在自主学习平台上、移动设备的 App 上、互联网上等搜索相关的学习资源，进行小组或班级内探讨、学习与分享。

医学英语口语课堂上，教师可通过纯正的医学题材英文材料，如英语原声影

视剧作品，对学生的听觉、视觉同时进行刺激。在让学生感受真实的语言环境的同时，为学生提供大量的临床交际情景、各种病例分析、疑难杂症的诊治、医学术语和缩略语等材料，要求学生投入到虚拟的临床场景中，在掌握相关知识的同时，激发学生的学习兴趣、活跃课堂气氛。如在对"癫痫"这一常见病症进行讲解时，教师可在课上播放美剧《豪斯医生》第一季第一集，分为"发病症状""病情诊断过程""治疗方法"等三个片段依次进行播放，要求学生在观看时记录要点和重点（如医学术语和表达句式）；分小组当堂利用网络搜集更多相关资料，进行讨论，总结观点并发言；教师随后给予相应的反馈。此类课堂活动既能快速有效地让学生参与到教学活动中，又能让学生对所学内容获得一定的理解，为接下来的教学奠定良好的基础和营造积极的课堂氛围。

在教师讲述知识点环节，教师从网络多媒体材料中挑取相应的医学词汇、病例分析表达、临床交际用语等进行讲解，通过语音、语调、语速、声调等的重复刺激，同时辅以相关的医学图片、标本等媒介，加深学生的理解与记忆。

随后，在实际操练或互动环节，教师可以根据课前准备或课上讲解的材料，进行拓展，设置相应的虚拟场景，引导学生进行探讨，并通过小组讨论法、任务法等对口语材料进行练习和再创作。同时，鼓励学生多利用网络教学平台等进行活动，采用医学图片、视频、标本、案例等，随后可通过 PPT 展示、角色扮演、拍摄微视频等方式在课堂上呈现，让视觉模态、听觉模态、话语模态、触觉模态、嗅觉模态等有效结合、协调作用，使学生进一步参与到课堂中，更为直观、直接、深入地理解所学知识点，并进行有效的产出，既丰富课堂形式，又能加强学生的医学英语口语交际能力。

在课下，教师还可以设定相应的学习任务，要求学生充分利用网络、图书馆、专业课本等搜集材料，进行阅读、听力、口语、写作、翻译等练习，巩固或拓展课堂所学内容，运用多种模态进一步提升学习效果。教师可利用微视频、语音微博、微博直播等网络途径对学生的学习效果进行及时的检验和评估，提高学生学习的趣味性和教师反馈的时效度。

口语交际作为英语学习的主要产出途径之一，能有效检验学生对相关口语材料的理解、掌握和应用程度，同时也是学生综合语言能力的重要体现。由于医学英语的特殊性——医学词汇通常冗繁难记、发音自有规律，医学术语通常以缩略语的形式出现在临床情境中，案例分析具有独特的表达方式，学生若仅通过教师的主观讲述和单一媒介信息的输入，很难有效地把其转换为自己的实际输出。因此，医学英语口语的教学应以先进的信息传播技术为媒介，在计算机技术、互联网技术和移动多媒体技术的交互作用下，采用多模态教学模式，注重教师的引导作用，利用图片、视频、文字等静态资源和动态资源对学生的视觉、听觉、触觉、嗅觉等进行多方位刺激，让学生主动融入教学活动，参与口语实践练习，提高医学英语口语交际能力，体现"在做中教、在做中学、在学中做""将课堂还给学生"的教学理念，促进医科类院校大学医学英语口语教学的长足发展。

第六章　现代高校英语课堂教学研究

第一节　慕课与高校英语课堂教学

MOOC 是 Massive Open Online Course（大规模在线开放课程）的缩写，2008 年兴起于美国，之后迅速在全国范围内传播开来。这四个字母代表了慕课的特色，"M"代表 Massive（大规模），传统课程由于受授课地点的限制，虽然多则可达数百名学生，但一门慕课的上课人数是以万来计算的，最多的可达 165 万人；第一个"O"代表 Open（开放），传统的课程不管学生是否对这门课程有兴趣、都必须来上课，慕课则不同，它以兴趣为导向，只要学生对这门课有兴趣、有学习的意愿，通过邮箱注册就可学习，对学习者的年龄、国籍没有任何限制；第二个"O"代表 Online（在线），学习在网上完成，无需旅行，不受时空限制；"C"代表 Course，就是课程的意思。通俗地讲，慕课是以连通主义理论和网络化学习的开放教育学为基础的大规模网络开放课程。慕课包括 Course、EdX、Udacity 三大平台，这三大平台各有特色，注册人数已超过数百万人次。

2012 年，慕课开始引入国内，我国教育界的专家和学者就慕课的发展历程进行多层次、多角度的研究，取得丰富的研究成绩。慕课有三种形式：第一种是完全的网络教学模式，学生自主选课、自主学习；第二种是网络课程＋学生自助式面对面互动模式；第三种是网络课程＋本地教授面对面深度参与教学模式。慕课在高校英语教学界的研究也逐步深入，理论构建和运行机制的研究也日益成熟。慕课时代的来临引发了教学理念、教学内容、教学方式及教学效果等方面的变革,为此,各高校要以积极的态度应对慕课的挑战,寻求慕课与高校英语教学的契合点。

一、慕课与高校英语教学相结合的优势

学习更加灵活方便的慕课应用改变了传统的以教师为中心的教学模式,以建构主义为理论支撑,教学过程中将学生作为教学的主体,教师担任主导角色,学生可以根据自己的时间安排,自主选择什么时候上课,用多长时间上课,而不是按照学校的规定必须在固定的时间、固定的教室上课,实现优质资源的公平分配和教育的均衡发展。

有利于促进高校生语法知识体系的形成。英语语法学习是高校英语学习的关键,要求学生在头脑中形成清楚的语法框架,使语法知识具有连贯性和体系性。慕课是按照严格的英语学科体系构建而成的,为学生带来的是系统化的知识,而不是碎片化的零星知识。当前高校英语慕课的课程设置是以知识单元为标准来进行划分的,让有需要的学习者能够按照慕课展现出来的图谱进行针对性学习,帮助高校生构建起准确的语法知识系统。高校生在运用英语与他人进行交流的过程中可以将已经掌握的语法知识自然地使用出来,能够准确使用语法知识,从而在保证语言流畅性的同时,提高语言输出的准确性。

互动性更强,有利于培养学生的自主学习能力。慕课背景下使教师的教学方式和学生的学习方式都发生了巨大改变,师生之间的互动形式也由原来的实体课堂变为虚拟课堂或者两者的结合,慕课的评价方式更为灵活。这就要求教师在教学过程中及时观察学生的学习状态,注意发现学生身上的闪光点,承认学生之间的实际差异,要学会欣赏这种差异性,在差异中寻找学生的独特之处,利用赏识教育,采用线上评价和线下评价相结合、教师评价和学生互评相结合的方式,使

学生及时快速得到学习方面的评价，有利于学生及时发现问题，从而形成良好的学习反馈循环。

二、慕课背景下高校英语课堂教学策略

随着教育体制改革的不断深入，现代教育侧重于提高学生的学习效率，学生能够在最短时间内获取最多的知识，使学生的能力得到更好的提升。要想实现教学质量的提升，就要在教学策略上下功夫。无论教育理论多么完善，教学手段多么丰富，只有将教育理论和教学手段付诸具体的实践课堂教学，才能检验出教学模式的效果。教师只有组织好课堂教学策略，才能提高教学质量。

高校英语课堂有效教学准备策略。教学准备策略又称为备课，它是教学过程中的重要环节，直接影响教学成败。教学是有目的、有计划的活动，教师在进行教学之前要进行必要的准备，做到心中有数，这样教师在上课的时候才能按照组织好的策略开展教学活动。要想构建有效的教学组织策略，教师在上课前不仅要了解英语教材，还要了解学生的情况，只有将教材内容与学生认知结构完美融合，才能设计出好的教学方案，二者缺一不可。只注重挖掘教材内容，而忽略对学生基本水平和情况的了解，设计的教案就会让学生抓不住重点，无法有效掌握教学内容；如果只专注学生的认知水平，而对教学目标和教学内容没有清晰完整的认识，那么教学就缺乏目的性，使学生对学到的知识无法形成系统而完整的认识。慕课专业性较强，在运用慕课进行英语教学时要先进行小范围的实验，确定慕课的应用能够有效提升学生的听、说、读、写能力之后，再进行普及和推广。另外，教师要根据学生总体英语水平的实际情况，运用慕课来组织教学策略。

英语课堂有效教学实施策略。合理利用课堂教学时间，是提高课堂教学效率的前提条件，要在较少的课堂教学时间内完成规定的教学任务。课堂教学活动要针对学生的水平和要求来开展，以满足学生对知识的需求为宗旨，注重对学生学

习能力、语言表达技能、情感态度和价值观的培养。英语学科知识是结构严密、互相联系的一个系统，教师在教学过程中要遵循系统化的原则，注重知识之间的联系，在讲授新课之前注意回顾以往学过的知识，特别是词义相近的词汇要重点分析，教学的过程中要逻辑清楚、表达准确，可以通过语言、动作等手段来展示自己对英语、对学生的热爱和热情。

讲授的过程中要注意理论联系实际，将教学内容与学生的生活经验衔接起来，语言要幽默风趣，为学生创设一个轻松、和谐的课堂氛围，创建适宜的讨论环境，创设探究问题的教学情境，适时地组织课堂讨论，讨论的问题要设计新颖，以激发学生的好奇心，激发学生的学习热情，让学生自行组织组内讨论，培养学生的团队合作意识和竞争意识，培养学生的发散思维和思辨能力。

英语课堂教学评价策略评价不应只关注学生语言知识、语言技能的掌握情况，更要关注学生掌握知识、技能的过程与方法以及情感态度价值观的形成，进行发展性评价，既要求学生的全面发展，又强调学生的个性发展和创造性，注重考查学生的学习方法、情感态度、创新意识、实践能力、合作与交流等多方面的综合素质。

慕课背景下的高校英语课堂教学策略的实施符合当前高校以学生为中心的理念，有利于帮助学生形成良好的自主学习能力，培养学生的创新能力，实现学生未来的可持续发展，对当前高校的英语课堂教学有着一定的促进作用。慕课建设是一项系统工程，需要高校领导高度重视，深化教学管理体制改革，完善相应的规章制度。教师要转变教育教学观念，切实关注学生的全面发展，自觉学习现代化信息技术，不断提高自身的专业知识能力，从而提高英语教学质量。

第二节　"互联网+"时代高校英语课堂教学

随着现代信息技术的不断发展,"互联网+"展现出了对各行各业深远的影响。尤其随着互联网技术而形成的开放式网络课程。在高校英语课堂教学中,以"互联网+"作为教学形式以及教学内容的创新已经成为高校英语改革的重点。在"互联网+"的背景下,网络也为高校英语教学提供了更加丰富的教学资源,为教师的教学以及学生的学习带来便捷。本节将着重对"互联网+"背景下的教学模式与传统高校英语教学进行对比,探寻高校英语的教学改革方向,为高校英语教学改革寻找途径。

一、"互联网+"时代背景下高校英语教学改革与创新的必要性

当下我国社会对高校的英语教育事业进行了积极的分析和研究,实现了对教学理念的探讨,进一步完善教学方式,逐步实现对教学工作的升级改革。针对英语教学的开展状况进行分析,主要包含两种形式。其一是通过英语教学,让学生了解到不同语种的英语习惯,实现对双语的掌握力,满足学生学习专业英语知识的基础能力建设。其二是培养专业的英语人才,为国家和社会的发展提供专业的人才。掌握良好的英语能力,能够强力有效地实现无差异的英语工作执行,有利于国家发展。专业的英语教学能够拓展学生的知识面,协助学生进行更好的跨地域交流,满足国家和社会对人才的需求。因此,进行科学的英语专业教学改革,可以培养学生的专业能力,为社会发展提供良好的人才基础。

二、"互联网+"背景下的教学模式与传统教学模式比较

(一)"互联网+"背景下的教学模式

"互联网+"背景下的教学模式在高校英语课堂的应用中,具有自身的特点,相对于传统教学模式来说,这一教学模式,虽然是以网络教育为主要目的和基础,但是在课程形式上却更加的灵活,其优势主要为:能够改变以教师为中心的学习模式,主要是以学生为主,更好地提高教学的效果。还有就是"互联网+"背景下的教学模式能够设置出教和学互动的环节,实现老师和学生之间的实时对话,有效提高学生的学习积极性。但是其中依然存在着一系列的缺点,主要就是现阶段高校学生的自主学习能力比较差,因此学生如果缺少老师的面对面引导,很难进行自主学习,这也是"互联网+"背景下的教学模式面临的最大问题。

(二)传统教学模式

传统教学模式是目前各个高校英语教学中比较常见的教学手段,其主要的优势就是学生能够在课堂中把问题及时提出,并且在老师的引导和学生的提问环境下,学生也能够更好地受到感染,以此加入学习过程中。同时传统教学有着一定的强迫性,学生在没有养成自主学习习惯之前,传统教学模式中"填鸭式"的教学,能够帮助学生学习一系列的知识,以此面对考试。但是这一教学模式也存在着一系列的缺陷,主要就是学生不能发挥出自身在课堂上的中心作用,并且很难在学习中找到乐趣,因此降低学习的效率。

三、"互联网+"背景下高校英语教学的改革

(一)构建"互联网+"环境下的教学模式

"互联网+"中最新的教学模式,首先就是学生在课堂结束之后能够通过网

络资源获取需要的知识内容，然后总结出自己不能理解的知识点和内容，在课堂上提出，老师和同学共同解决。实际上这也是一种课后学习的手段，能够有效改变传统的灌输式教学方法，也能够把学生获取知识和消化问题相结合，以此更好地带动课堂的氛围，促进学生的发展和进步。

（二）建设多媒体与讨论结合的教学模式

最新的"互联网+"背景下的教学模式主要强调的就是网络学习和课堂学习二者之间的互补，所以需要把这一教学模式和课堂上讨论的教学手段相结合，这样才能够提出更加符合教学人员需求的良好课堂氛围。因此老师可以在课堂设置的过程中，利用这一平台进行教学，并且在课程学习的过程中不断强调这一学习方式，引导学生在课后使用这一学习模式，并且把问题提出在课堂上进行讨论，以此解决线下学习问题，也能够保证学生在课堂上获取更多的时间，接触最新的知识，长此以往，学生不仅能够形成自学的习惯，也能够拓宽视野，学习到更多的知识点。

（三）增强学生英语学习意识

很多高校对于学生英语课程的学习都是以知识点为主，并没有在乎过学生是否能够把知识点应用到实际工作之中。同时还有些校园中向学生讲解的有关英语课程的知识都是把考试内容重点分析，其他内容一笔带过，这样的教育方式会严重制约学生英语学习和使用意识的养成。所以还需要老师能够把丰富课堂内容，并且在课堂上培养学生对于"互联网+"的背景下学习意识的掌握情况。例如，高校校园可以实现线上和线下的教育方式，线上主要就是课程的内容，以及老师和学生之间进行的信息互动；而线下一般就是巩固学生对于知识的理解能力，同时在线上学习的基础上补充学生学习的知识点和内容，以此更好地促进学生的发展和进步。

(四) 培养学生英语能力

几乎所有高校校园都会出现的问题就是学生能力培养力度不够,主要就是由于高校校园中的教师采用的依然是传统的"满堂灌"教学手段、学生听,老师讲,学生记、老师说,这样的情况长此以往,学生的英语能力就会出现缺失,甚至在毕业之后难以把学习的知识内容应用到工作之中。所以在"互联网+"的环境下,老师还可以使用网络中的技术平台,以此把教学使用的案例进行丰富,还可以带领学生们对于所学习的高校知识进行实际的应用,充分利用校园中的良好环境,有效提高学生的英语能力。例如,老师不再使用黑板、PPT等需要站在讲台上进行教学的工作,而是使用移动设备和无线热点等,这样老师能够被解放,学生也能够更好地培养信息利用能力。①

随着多媒体在教育领域的迅速应用,它对高校英语教学的影响已经非常大,不仅表现在高校英语课堂教学形式上,还表现在高校英语教学内容方面。随着高校英语的开放式网络课程的引进,更进一步丰富了多媒体教学内容,同时也对教师传统教学观念产生了碰撞效应,促使教师更新教学理念,有效提升了学生的学习主动性,所以"互联网+"背景下对高校英语进行教学改革也是高等教育发展的必然趋势。笔者通过对此进行深入探讨,提出了基于"互联网+"背景下高校英语的教学改革与创新,希望本节的研究对高校英语教学改革起到一定促进作用。

第三节 互动策略与高校英语课堂教学

在应试教育的影响下,国内高校当中的英语教学通常存在一种现象,就是学生在课堂当中并不活跃,甚至大部分的时间都保持沉默的态度。而学生的该种学习状态让教师无法了解自身的教学是否起到了一定的效果,也无法了解学生真正

---

① 平洪,张国扬.英语习语与英美文化[M].北京:外语教学与研究出版社,2000.

的学习状态。高校是为社会培养人才的最后一个环节，更加注重学生实践能力的培养。学生在课堂当中的沉默态度无法锻炼其英语实践能力，导致英语教学效果大打折扣。本节主要研究互动策略在高校英语教学中的应用，从互动策略的角度出发，研究高职学校该如何转变英语课堂状态，解决学生课堂沉默问题。

随着经济全球化进程的不断加快，企业面临的国际竞争局面越来越复杂。为了提高自身的核心竞争力，企业更加注重对于人才的培养和积累，并且要求高校为自身培养更多应用型人才。高校的主要教学目的就是培养更多应用型人才，但根据教育学者对于目前高校课堂的研究，其认为在高校的英语课堂中，很多学生都保持沉默，整个英语课堂的课堂气氛也比较沉闷。为了转变该种现状，高校的教师需要重新调整授课形式，了解学生沉默的原因，并且根据学生的性格特点制定有针对性的互动策略，带动学生学习气氛，让英语课堂变得活跃。

一、互动策略概述

（一）互动策略释义

在构建主义理论当中互动教学主要的意义是改善人们在日常交往当中的交往方式。而互动教学则主要是在认知理论的基础之上转变课堂教学形式。该种互动策略在课堂当中的应用能够转变传统的教学模式，让学生成为教学的主体，而教师则在教学过程中考虑学生的思路，与学生展开互动。而在互动策略的影响下，学生与教师之间的互动也将成为日常教学当中的主要状态。该种教学互动下，学生与教师之间的关系更加亲密，教师能够为学生创设学习的场景，让学生感受到教学内容的生动。而教师与学生的互动让师生双方都保持在精神活跃的状态下，学生能够更加积极主动地思考教学内容，并且激发自身对于教学内容的学习兴趣。

（二）互动策略特性

互动策略在高校英语教学当中的应用也并不是都能够取得特别好的教学效果的。而有效的互动策略需要教师经过特别的教学设计，了解互动教学的具体特性，才能够根据互动策略掌握教学的规律，制定具有针对性的互动策略。

互动策略的第一种特性是互动目标的多维度特性。在课堂当中，教师所选择的互动目标决定其所应用的互动策略是否会起到作用。互动的目标关系到了教师选择以怎样的方式来教导学生掌握知识技能，也关系到学生是否能够对教学内容产生兴趣。选择正确的互动目标，确保互动目标的多维性，能够让学生形成正确的价值观，能够体会到互动教学的意义所在。

互动策略的第二特性是互动对象具有多样性的特点。传统模式当中的教学通常会以教师作为教学的主体，就算教师在教学理念上相对先进，与学生之间会产生互动，但其互动的方式也多是师生之间的互动。而在互动策略中，打破了师生互动的局限性，其不仅仅是师生之间需要交流，学生与学生之间也会进行经验交流和讨论。而该种交流互动的方式被称为合作学习。该种互动状态下，学生的学习状态比较放松，学生处于自由的环境中表达自己对于某个知识点的看法，促使其更容易记住教学内容，其也更加善于在课堂中表现自己。

互动策略的第三种特性是动态性，该种动态性主要体现在互动过程中。课堂当中所教授的内容比较多样化，教学主题发生变化，原本的互动就无法满足教学的需求，需要根据实际情况进行变动。在不同的教学主题下为学生创设不同的互动情景，从而取得更好的互动效果。例如，教学内容比较宽泛，教师可以与学生进行问答式的互动。而教学内容比较集中，则可以让学生就教学内容展开讨论。教师需要根据不同的教学资料或学习途径来调整互动的方式，促使互动策略变得灵活多变，激发学生的学习潜力。

互动策略的第四个特性是平等性，也就是说在采取互动策略的时候需要保持平等的状态。无论是教师还是学生，都是独立的个体，具有独立的人格，两个人要处于平等的地位上，才能够拥有和谐且融洽的气氛，也才能够真正地敞开心扉来表达自己。

互动策略的第五个特性是有效性，也就是在互动目的明确的情况下，教师在课堂中应用互动策略需要注意互动内容的合理，并且考虑好互动的动机，确保能够有效降低课堂上的沉默概率。

二、互动策略在高校英语课堂当中的应用实践

（一）注重互动环境的营造

互动策略引导下的高校英语课堂要求教师为学生的学习创设情境，加强学生之间的互动协作，在学生之间的对话当中存在互动性，促使学生感受到互动教学的课堂效果。首先，要想创造一个良好的互动环境，就需要在课堂中让学生感受到授课过程中的合作性。教师作为学生的引导者，其在授课过程中要为学生做出榜样，尤其是高校的英语教师。学生学习英语主要用在工作中，而其所表达的英语口语在语法和发音上都需要有很高的水平。教师在发音的时候要确定自身的发音标准，成为学生主要的模仿对象。而除了英语知识教育，高校的英语教师还需要教导学生做人的道理，让其形成良好的品格，在为人处世上具有更加端正的态度。教师展现出自己在这一方面的人格，在授课过程中表现出和蔼可亲和知识渊博的形象，给予学生足够的尊重，学生能够感受到教师与自己之间的平等，进而愿意参与到课堂互动中。其次，教师在互动策略中要激发学生对于英语学习的情感。英语学习本身就需要创设特定的语境，教师抓住这一互动特性，能够发现英语学习的乐趣，进而积极主动地参与到英语的学习中。教师利用该种互动策略培养学生的盈余思维，让其在与学生和教师的互动中学习到其他人比较规范化的学习策略。最后，教师需要培养学生之间的合作意识，学生与其他学生之间的交流

和互动关系到其是否能够更好地理解英语教学内容。而当学生了解到更加适合自己的学习策略，其在对英语的心境上就会发生改变，学习其他人身上的长处，弥补自身学习上的不足。①

（二）建立互动教学模式

高校的英语教学当中利用互动教学模式来重新设计英语课堂。而在互动教学当中，教师划分了不同的教学主体，根据不同形式的互动采取不同的教学模式。首先，学生与教师之间的互动是最常见的课堂互动模式，在该种互动过程中，通常都是教师根据教学内容提出具体的问题，并且要求学生根据自己的知识积累回答问题。也有时候是学生在学习的过程中心存疑虑，要求教师为自己答疑解惑。而也有一些英语教师会根据教学的需求，与学生商量或交换意见和想法，从而在了解学生的学习意愿之后，再进行课程设计。也有教师喜欢在与学生的交流当中采取辩论的形式，由教师抛出问题的分歧，然后教师与学生相互表达自己对于问题的看法，相互理解，最终得出问题的解决方案。教师根据自身与学生的该种互动来设计互动教学的具体方案，在与学生的沟通中调动学生的学习热情，打破英语课堂的沉默。其次，学生之间也存在互动合作关系，教师可以根据学生之间的互动学习来考虑如何制定互动策略，从而达到活跃课堂气氛的目的。教师可以采取集体研究的形式，在英语课堂当中将学生分为不同的学习小组，并且将学习任务划分为不同的板块，让每个学习小组都承担学习任务。而小组成员在经过细致的讨论后，能够得出学习任务的最终结论。教师也可以将学生分成小组，进行小组教学，让小组成员制订学习计划，确定教学方案，完成教学内容试讲，从而达到良好的教学效果，让学生都参与到教学中。最后，竞争性的互动模式也是高职学校英语教学可以参考的一种互动策略，该种策略下学生同样被分成学习小组，并且分担了小组学习的任务。而在该种学习模式下，小组之间产生竞争，教师评

---

① 戴炜栋，何兆熊．新编简明英语语言学教程[M]．上海：上海外语教育出版社，2010.

比哪个小组在学习任务的完成数量和质量上更好,组员之间的配合更加默契。例如,教师可以安排小组回答问题,参与辩论,从而让小组之间进行比赛,激发学生学习英语的兴趣,让学生获得更大的成就感。

(三)优化提问教学策略

课堂当中的提问是最常见的互动教学方式,也是最能吸引学生注意的教学方式。优化提问策略来促进互动策略的升级,帮助教师激发学生对于英语教学内容的兴趣,改善课堂的氛围,促使课堂上学生能够交流互动。而学生在教师所创设的提问教学环境下,能够用英语口语来表达自己的观点,提升了学生的交际能力,也让学生学习英语的成就感增强。首先,为了让课堂提问更加有效率,教师可以在教学开始之前就考虑好要提出的问题,并且拟订解决的方案,而教师也要安排好教学计划,让学生先了解自己的计划,进而在课上提问的时候,学生才能够有所准备,能够事先准备好需要学习的内容,回答问题的时候也更有条理。其次,教师需要把握问题的尺度,不能为了提升学生的学习水平就提出非常难的题目,该种情况不仅不会调动学生的积极性,还可能打击学生学习英语的信心。最后,学生在被提问的时候,教师需要给予学生思考问题的时间,等待学生做好准备,从而激发学生回答问题的热情。

其实导致高校英语课堂沉闷的因素并不复杂,只要教师能够了解学生保持沉默的原因就能够提出有针对性的互动策略。在对英语水平要求越来越高的社会中,高校的教师需要迎难而上,积极设计和创新自身的教学方法,拟定教学策略,鼓励学生积极响应自己的教学活动,让学生的学习达到良性循环的状态。

第四节　多维互动模式与高校英语课堂教学

随着我国教育体制的不断改革和发展，高校培养人才的模式发生了转变，高校英语教学方法从传统的知识灌输型教学模式，转变成注重学生口语表达能力与英语交际能力的教学模式。在众多的英语教学模式中，多维互动教学取得了不错的成效，因此本节先从多维教学课堂的重要性入手，在全面分析现阶段我国高校英语教学现状的基础上，归纳出几点构建多维互动教学模式的意见。

为顺应时代的发展和学生个性化的需求，多维互动教学模式走入高校英语教学，该教学模式以注重学生能力的培养为最终目标，分别从听、说、读、写四方面入手，全面锻炼学生的英语表达能力和写作能力。这种"接地气"的教学模式便于学生将所学的英语知识运用到实际生活中，同时为学生未来的发展奠定了坚实的语言基础。

一、多维互动教学模式简述

（一）多维互动教学模式的内涵及作用

多维互动教学模式是以学生为中心，在比较自由、对等的学习环境中，把各项教学要素，如教学设施和方法、施教者、受教者等有机融合后的动态发展过程，以此创造出多层次、全方位、多方式的学习氛围，有利于培养学生的积极性、参与性和创造性。

多维互动式教学可以实现师生间和学生间的平等交流和互动，改变了以往灌输式的教学方式，为教学的个性化提供了基础条件；同时，转变以教师为主体的课堂模式，突出学生的主体地位，使学生从被动地接受知识转变到主动地索取知识，从而实现培养学生综合能力的目的；以调动学生的学习兴趣为原则，充分开发学生的潜力，实现高效的英语课堂教学。

（二）高校英语教学现状

当今社会，多媒体在教学中的应用已经十分广泛，科技的进步使得云平台、电子白板等高科技、现代化的教学资源日渐增多。不过在英语课程的具体实施方面，教师仍然是课堂教学的主体，决定着英语教学的课堂组织形式和内容。但大部分英语教师还是按部就班地进行英语教学，信息技术仅仅作为英语教学的辅助手段，受限于教师的操作水平和应用技巧，所以现代化的教学手段并未发挥出应有的效用，教学结果不容乐观。

要开展高校英语多维互动教学就要以网络教育和多媒体作为平台，借助网络技术、多媒体技术等资源。现阶段比较流行的教学手段有翻转课堂和MOOC。其中翻转课堂就是教师选择小视频的方式将所要讲授的英语内容录制成视频，然后再借助网络的优势实现学生在家自主学习的目的，针对课后习题，教师和学生可以在课堂上交流互动，共同完成。

二、高校英语多维互动教学的意义所在

多维互动教学作为一种全新的英语教学模式，它的应用和实施具有十分重要的意义，主要从以下两点入手进行简要分析。

（1）多维互动教学模式在高校英语教学中的应用，不仅使英语的实践性和应用性得到了重视，而且突出了学生听、说、读、写、用的能力培养，既提高了学生合作、探究学习的能力，又强化了学生利用英语交际的能力，符合社会对英语人才的要求。

（2）多维互动英语教学是将整个英语教学看成一个多维动态的过程，由以往单方面的交流模式转变为双向的交流过程，将整个英语教学作为一个统一的系

统,即单个英语教学活动具有统一性,以此加强师生间和学生间的互动,使教师和学生能够全程参与教学过程,给学生以丰富的语言体验,加强学生对英语的掌握。

三、构建高校英语多维互动教学模式

(一)树立多维互动教学的理念

在构建高校英语多维互动教学模式前,教师先要树立多维互动的教学理念,本着以学生为主体的教学观念,开展英语教学活动,将师生的角色互换,教师充当学生学习英语的引导者、合作者和组织者,逐步引导学生自主学习和探索,加强师生间、学生间的交流,给学生提供展示自我的平台。在多维互动教学模式下,实现学生英语应用能力和口语表达能力的提高,达到提高英语课堂效率的目的。

(二)善于整合有利于构建多维互动教学的资源

在英语教学方法方面,高校英语教师多以讲授式为主,只注重对学生语法知识点的灌输,忽略了学生语言能力的应用。同时很多英语教师在课堂上无法做到完全用英语和学生进行交流,忽略了创设英语环境的重要性,而且教师更没有重视学生间用英语交流的必要性,教学方式还停留在针对应试考试的阶段,缺乏与社会实际接轨的意识。创新英语的教学方式已经迫在眉睫,而多维互动教学模式在高校英语教学中的应用确实取得了较好的效果,因此要对该模式有进一步的把握,以便更好地适应学生需求和社会发展。

MOOC即大型网络式开放课程,该种教学模式也通过网络和信息技术向学生提供丰富且免费的学习资源。该模式具有较高的灵活性和自主性,而且十分注重创新和互动,在提供较多学习资源的同时,还比较注重学生对知识的掌握情况。MOOC属于构建多维互动教学模式的一种,它不但能够提高学生的参与度,也给学生更加自由的学习空间。

（三）善于创建多维互动的教学情境

教学情境是提高学生对英语学习兴趣的前提条件，在高校英语多维互动教学过程中，英语教师要将生活中的情境有意识地加入英语教学，并鼓励学生进行自主交流，充分调动学生的主观能动性，还可以将学生分成小组，通过小组合作、探讨、协商等方式实现英语教学的多维互动，让英语课堂教学可以多角度、多方向、多层面地展开，真正形成师生间和学生间的多维互动。在创设多维互动教学的情景对话中，创设既要贴近生活实际，又富于挑战而不能完全脱离学生的实际生活和学习，最终提高学生的综合英语能力。

（四）加强课内与课外教学的互动，构建多维互动课堂

传统英语课堂教学时长有限，师生间和学生间没有充分的互动时间，致使学生的参与积极性不高，所以，可以采用加强课内与课外教学的互动，进而有利于多维互动英语教学的构建。课前，英语教师可以将本节课的主题导入和重点知识点以微课视频的形式发给学生，方便学生在课外进行自主学习；课上，学生可以根据自己在课外自主学习过程中遇到的难点进行有针对性的听课，这就是课内和课外的互动，换句话说就是英语教师可以利用微课的形式让学生在课外自主学习，之后在课堂只需重点讲解学生提出的问题，这也是构建多维英语教学的一种可行方法。

综上所述，多维互动教学模式在高校英语教学中的合理运用，不仅为英语教师扩宽了教学思路，减轻了教师的课业负担，还增强了学生学习英语的兴趣，让学生有勇气用英语交流，使学生的综合实践能力得到提升，同时该教学模式的应用基本改变了以往"哑巴英语"的现状。

第五节 合作学习与高校英语课堂教学

随着新课改革新步伐的加快，合作学习作为一种科学、高效的课堂教学模式已普遍应用于现代各学科的实践教学。顺应时代发展潮流，将合作学习模式应用于高校英语课堂教学对教师的"教"和学生的"学"具有双向的促进作用。本节从合作学习模式的内涵入手，通过分析合作学习模式应用于高校英语教学的重要性，探索出合作学习在高校英语中应用的有效性策略。

一、合作学习内涵及合作学习模式

一是合作学习的任务通过小组合作、分析讨论的方式完成，在讨论过程中解决各种难题。二是合作学习要求小组成员面对面地交流，以最直接的方式迅速实现合作目标。三是在小组合作氛围中蕴含浓郁的互助协作精神，提高学生的团队凝聚力。四是每一个小组成员都能极大提升其强烈责任和义务感。五是合作学习基于学生能力和认知的高低合理编排小组成员。六是合作学习中教师可以直接指导学生进行技巧性合作，提高教学效率。七是小组成员具有较强的组织纪律性，相互之间依赖和信任。

二、合作学习在高校英语教学中的重要性

合作学习作为一种高效的教学模式应用于各学科的课堂教学，教师应基于学生的个人实际、学习兴趣、情感态度、认知水平等为学生营造合作学习的广阔平台，不断推动师生之间、生生之间的交流互动，帮助学生降低学习焦虑感，提升学习自信心，加强学生团队协作意识。继而通过合作学习激发学生学科学习的积极情感，达到提高课堂教学效率的目的。

三、合作学习在高校英语教学中的应用策略

(一) 在高校英语情境提问中践行"合作学习"

提问是学生思维的源泉，能活化学生思维，启迪学生智慧，诱导学生主动思考求知，提高学生课堂参与的积极性。因此，在高校英语实践教学中，教师有目的、有意识地创设一定的英语问题情境，在问题情境中践行合作学习模式很有必要。合理的问题情境不仅可以活跃课堂氛围，让学生提前了解课文内容，同时也可以使教师了解学生与家长的沟通状况，还能培养学生积极的参与意识，提高学生的质疑、探疑、析疑和解疑能力，促使学生综合英语学习能力的提升。

(二) 在高校英语写作教学中践行"合作学习"

传统高校英语写作教学理念指导下的写作教学，普遍遵循"布置题目—讲解题目—完成写作—教师批改"的教学模式，这种写作教学模式极大限制了学生主体地位的发挥，教师成为写作教学的主体，在限制学生的思维拓展的同时，忽视了学生的个性发展。这样的后果便是，学生写作思维堵塞，写作模式单一、用词粗糙枯竭，内容干瘪生硬，灵活性较差，继而厌"写"情绪激增。因此，教师应巧用合作学习提升学生的写作水平。例如，在话题作文"Smoking is harmful to us"的实践教学中，教师可以先给出学生关键词汇 cigarette，nicotine 等，还可以将写作中可能用到的一些语法、句型呈现给学生，鼓励学生分组讨论，并根据写作话题与内容列出讨论要点，继而各小组向教师汇报讨论结果，下一步开始独立写作，最后将个体写好的作文以成员互换的方式进行评改。这样学生不仅可以在互助学习中拓展知识，也能在讨论与评改中明得失，经过反复训练，学生写作能力自然提升。因此，为了学生英语写作能力的提升，在高校英语写作教学中渗入合作学习模式尤为重要。

(三)在高校英语讨论教学中践行"合作学习"

高校英语教学的开放性、合作性、共享性与包容性,使讨论教学成为践行"合作学习"的一种有效教学手段。由合作学习的内涵可知,合作学习模式离不开师生之间、生生之间的经常性的交流与讨论,课堂讨论是小组合作学习最基本、最重要的形式,在合作学习教学中发挥着举足轻重的作用。例如,在全新版英语教材"Friendship"的实践教学后,为了加深学生对课文内容的理解、巩固与运用,培养学生的发散思维能力,教师可以设定一些与 Friendship 相关的话题让学生展开讨论:"What kind of friendship is everlasting?""In terms of friendship, what enlightenment does this article give you?"……以上讨论话题,是对英语课文内容的延伸与拓展,有了课文内容做铺垫,学生通过思考与讨论,可以很快基于课文内容与自身经历给出讨论结果,教师可以将学生给出的最有价值的结果公布在黑板上,进行鼓励与褒扬。以此来活跃课堂氛围,激发学生学习兴趣,启发学生独立思考,积极探究。

综上所述,合作学习应用于高校英语课堂教学具有重大意义,合作学习一方面可以改善教师的教学效果,使高校英语课堂更富有生机与活力,多角度促使教师整体教学技能的提升;另一方面也能极大促进学生学习能力的提升。因此,作为高校英语课堂教学的组织者和引导者,教师应充分发挥自身主观能动性,运用多种途径践行个性化学习和合作学习模式,以达到提升高校英语课堂教学效率、培养学生英语综合运用能力的终极目标。

第七章 跨文化背景下大学英语教学实践应用研究

第一节 "微资源"在大学英语跨文化教学中的应用

随着经济全球化、文化多元化的趋势不断加剧，跨文化交流已成为一种必然的趋势。然而，中西方文化的差异在一定程度上给语言交流带来了困难。因此，如何引导学生用英语进行跨文化交流是大学英语教师要攻克的难题。"微课""微信""微电影"等"微资源"的出现加速了跨文化教学的改革，并形成一股强大推动力，对英语跨文化教学产生颠覆性影响。

英语作为一门全球化的语言，在国际社会的政治、经济和文化等领域起到非常重要的作用。语言是文化的载体，语言和文化密不可分。英语教师应当把语言和文化两者结合起来进行跨文化教学，这正是当今外语界值得探究的重要问题。

联合国教科文组织在1992年首次明确提出跨文化教育的定义。它是指对具有某一文化的学习者群体进行关于其他文化的教育活动，从而使这些学习者能获取丰富全面的跨文化知识。同时，联合国教科文组织对跨文化教学提出了更高的要求，指出跨文化教学应重点关注跨文化知识传播、跨文化理解与交流以及开放、尊重、宽容的跨文化态度的培养。但由于我国高校的跨文化教育一直受到传统教学模式的影响，侧重强调培养学生的语言能力，忽略了文化教学，没有将跨文化知识渗透到日常教学中，不利于培养学生的跨文化交际能力。

"微课""微博""微信""微电影"等各种"微资源"的出现促进了跨文

化教学中教学理念、教学方法等的改革,有助于学生对多元文化的学习和交融,为大学英语跨文化教学塑造了动态环境。

一、"微资源"应用于英语跨文化教学的优势

所谓"微资源"是指一切具有微型特征的资源,如"微博""微信""微课""微视频"等,它是从微观的角度入手,形成特有的传播、共享和反馈机制,从而实现各种"微应用"。随着高校英语教学中"微资源"的不断涌现,跨文化教学也迎来崭新一页。将"微资源"应用于英语跨文化教学,有明显的优势。

优化知识点,提供高质量教学内容。教师要制作出 20 分钟左右的微视频,必须优化和浓缩知识点,将知识点精华呈现在微视频中。同时培养了教师加工、总结、升华自身知识内涵的能力。此外为了使学生能够在短时间内有效地学习,教师将"微资源"应用于跨文化教学,通过视觉、听觉的感知,促进学生对跨文化知识信息的获得和感悟。

丰富学习资源,有利于学生的可持续发展。在传统的跨文化教学中,教师是知识和信息的唯一传授者,也是学生获得文化知识的主要渠道。由于教师个人的专业功底、知识储备量和知识掌握程度等不同,可能会造成教学水平高低不同的现象。"微资源"的引入可以很好地打破这一局限。教师通过网络搜索跨文化知识相关的资料和视频等,将简短、完整且丰富的教学内容呈现在学生面前。在课后,学生可以通过各种信息技术,对所学内容不断地进行反思,加深对跨文化知识的理解。可见,采用"微资源"教学能够为学生提供丰富的学习资源,从而促进学生的可持续发展。

培养求异思维,发展创新能力。众所周知,人的创造力主要取决于求异思维。从事跨文化教学的教师难以做到将所有学生的思维带到统一模式。通过"微资源"平台的线上线下功能,让学生掌握中西文化差异是教师布置给学生们的重要任务。

学生在完成过程中，求异思维和创造能力都得到了培养。他们通过积极思考问题和主动探索知识，最终将自己独特的思维成果展现在"微资源"平台中。

二、"微资源"与跨文化教学的有效契合

创设情境触及兴趣点。兴趣是学生自主学习、积极思考、发展创新的强大动力。在跨文化教学中，应当创造性地理解和把握教材，利用"微资源"，适时将文字、图片、视频和动画等信息进行加工处理，通过"微课""微电影"等恰当地加以呈现。介绍相关的文化背景知识，提出学习目标，巧妙地创设问题情境，触及兴趣点，激发学生跨文化学习的兴趣和欲望，保持旺盛的学习积极性。

如讲解《Happy Halloween》一文，用事先做好的"Halloween"微电影进行新课导入。映入眼帘的是一个南瓜灯和身穿奇装异服的"鬼怪们"，同时配上诡异的音乐，把万圣节的特色呈现出来：起源、象征物、习俗（"trick or treat"不给糖就捣蛋）等。上课伊始，老师利用微电影短视频，突破了时间限制和地域限制，让学生仿佛当场感受到了万圣节的一切，瞬间吊起学生的胃口，激发了学生学习课文的兴趣。此外，教师还可以通过"微资源"适时补充一些中西方传统节日的由来及习俗，进行对比，使学生了解中西方节日文化差异，促进学生的跨文化理解与交流。

强化内容，优化知识点。跨文化教学教材主题多样、内容丰富，但任何一门课程，任何一个单元，都会有教学重难点。如何让学生明确知识重难点，从而最好掌握最精华的部分？教师们可以通过每节课制作一个微课短视频的方式，优化和浓缩知识点，将知识点精华呈现在微视频中。教师将自己的跨文化知识拆分成若干个小的知识点，再用简短精练的视频呈现出来，这些丰富的学习资源为学生自主学习提供了很好的平台。此外，为了使学生能够在短时间内有效地学习，教师将"微资源"应用于跨文化教学，通过视觉、听觉的感知，促进学生对跨文化

知识信息的获得和感悟。

如讲解《Intercultural Barrier》一文，主要是跨文化障碍方面的内容。如果教师照本宣科逐字逐句翻译文章，既枯燥无味，又无法增强学生的跨文化水平。如果通过微课短视频的展示，将文章中出现的主要的跨文化障碍通过图片等形式展现出来，既能够强化重要的学习内容，又能优化知识点的精华部分。此外，如果还能通过"微资源"将中西方的主要文化差异和文化障碍用英文归纳出来，既提高了学生的英文水平，又能引导学生如何学习和面对异国文化，如何借鉴外来文化来提升本国文化。

线上线下加强互动点。将"微资源"引入跨文化教学，师生可以充分利用网络的线上和线下功能，实时地进行跨文化知识点的交流和探讨。教师可以线上线下随时对学生的跨文化学习情况进行跟踪，有效地督促学生的学习，提高跨文化教学的有效性。此外学生可以通过各种"微资源"，随时随地进行学习，培养自主学习能力。

如讲解《Culture and Word Meaning》一文，让学生在课前准备中西方词汇在不同场合的含义，然后发布到微信公众平台与大家共享，从而达到了很好的预习效果。如与 dog 有关词的含义及文化内涵，"Every dog has its day"（人人都有走运的一天）；"a lucky dog"（一位幸运儿）；"Love me, love my dog"（爱屋及乌）等。在课堂上，教师可以将比较经典的文化及词义进行讲解和深化。课后师生通过微信平台进行线上交流和讨论，加强了师生互动性。

综上所述，微课、微信、微电影等各种"微资源"对促进大学英语跨文化教学有诸多好处，它已成为学生熟悉的"微活动"。将各种"微资源"有效融入英语跨文化教学，能够创造一个动态的教与学的环境，实现现实课堂与虚拟课堂的交互，发挥学生的主体性作用，培养学生的自主学习和终身学习能力，从而提高学生的文化素养和跨文化交际水平。"微资源"应用于跨文化教学，其创新之处就是将信息技术辅助教学与网络平台技术结合，弥补了以教师讲授为主的传统教学模式的不足。跨文化知识的教与学在一定程度上不受时间与地点的限制，形成"动态"的教学模式。同时能够培养学生养成个性化的学习习惯，提升自主学习能力，使得"微语言""微阅读"成为常态，"微交流"成为更直接的互动方式。教师通过"微资源"平台进行跨文化教学，引导学生积极思考中西文化差异，并且愿意接受和理解文化的多样性，培养学生用正确的态度和信念去看待世界各民族文化。此外，可以引导学生正确理解中西文化差异，消除中西文化歧见。教师的跨文化教学应当侧重告诉学生如何对待和借鉴外来文化，通过跨文化知识的学习，让我们更多地了解世界文化，同时也让世界人民更多地了解中国文化。

第二节　英语动画电影在跨文化意识教学中的应用

近年来，多媒体技术在大学课堂教学中的应用越来越普及。同时，对智能手机和微信等功能日益强大的网络交互媒介的使用基本覆盖了大学师生群体。因此，大学英语教学不应还仅仅依靠传统的写黑板、读教材等旧有方式，尤其是对学生的跨文化交际能力培养时，更应与时俱进、开拓创新。这也使大学英语课堂的跨文化教学引入英语动画电影成为可能。

一、跨文化教学中引入英文动画片教学的优势

独特地道的语言。首先，动画影片主要受众为少年儿童，其本身的人生阅历尚不够丰富，不足以支撑跌宕烧脑的剧情和相应复杂的语言逻辑。因此，相对好莱坞大片，动画影片中的语言不会过于复杂，对于有一定英语基础的学习者更易于理解。

其次，配音工作对于一部动画电影能否成功可谓举足轻重。相比真人电影，

动画人物的塑造很大程度上依赖于生动的配音来演绎。因而，优秀的动画电影对于角色配音非常考究，配音演员都是吐字清晰、发音标准。迪士尼出品的很多大制作都会邀请好莱坞知名演员来为角色配音。

不仅如此，优秀的动画电影中也会体现出语言的丰富多样。如迪士尼出品的《勇敢传说》，故事背景设定在中世纪时期苏格兰地区的一个小王国，主要角色说的英语都会有苏格兰口音。

魅力多彩的内容。随着计算机三维动画以及电影 3D 技术的应用，如今动画电影以其轻松活泼的形式、幽默夸张的人物表情、清新向上的主题、寓意深刻的剧情、精致如真的画面再加上优美的电影配乐，吸引的不仅是少年儿童，甚至成年人，为了缓解工作生活的压力，也对优秀的动画电影颇为青睐。而对大学生这一青少年群体来说，动画电影也极具吸引力。

丰富的文化内涵。很多制作精良的优秀英语动画影片多取材于欧美广为流传的童话、神话、民间传说以及历史故事。如在 2015 年大热的由迪士尼和皮克斯动画联合出品的《冰雪奇缘》就改编自著名的安徒生童话中的冰雪女王；《埃及王子》则改编自《圣经》旧约中的《出埃及记》的故事。故事内容也会突出某一社会文化主题，以反映欧美人的信仰、世界观、价值观，如《赛车总动员 3》中突出了所有人都应该勇于追求自己的梦想，不应因年迈或胆怯而放弃，通过努力麻雀也会变凤凰，就像剧中的新角色"酷姐"一样，这也完全切合了"美国梦"这一美国核心文化。

二、教学中英语动画电影的应用策略

课前选题要合适。要把英语动画影片引入大学英语教学首先要做到因材施教，要根据学生的特点，选择能反映读写或听说教学内容的影片。例如，《新视野大学英语读写教程 1》Unit 2 的主题是"代沟"问题，Text A 中主人公 Sandy 和父母在思维和观念等方面的冲突通过日常琐事得以充分体现。在这一课的教学设计中可以引入迪士尼出品的动画影片《勇敢传说》。剧中主人公也是一个处于青春期的女孩——Merida，一位自以为勇敢、个性张扬的公主。为了反抗母亲的管教，用巫术误把母亲变成了一头熊。回想起成长过程中母亲对她的种种关爱，她悔恨万分。最后通过勇敢的承认错误并弥补错误救回了母亲，这让她真正明白了"勇敢"的真谛。这非常有助于学生理解英美文化中的民主、自由的核心价值观，以及个体个性和家庭观念之间的融合。而在听说课程中，教学目标是提高学习者的跨文化交际能力。那么在选择时，应以语言丰富，且对白以日常会话为主的影片。像英国动画影片《小羊肖恩》系列，剧中基本没有语言对白，就不太适合作为听说教学的素材。

课堂安排要合理。建构主义认为，教师不再只是知识的传授者，而要成为教学的设计者，教师应善于挖掘素材，创设各种探究式问题，培养学生从不同角度去思考、判断和解决问题，在对问题的解决过程中学会学习、学会思考、学会创新。为了达到预期教学效果，教师可事先在班级 QQ 群或微信群发布准备任务，指导学生搜索影片的历史背景、故事主题等相关数据。例如，播放《埃及王子》前，可以让学生查找《圣经》中《出埃及》和摩西十诫等资料，这对学生领悟影片内容、了解西方宗教文化非常有益。在播放影片时，教师可以将相关的文化信息和英语词汇发布在群里，学生可以实时利用智能手机了解信息，辅助理解。教师可以根据教学需要和课堂时间安排对电影进行剪切，重点选取主题鲜明、对白典型的片段以 PPT 的形式供学生欣赏或讨论。

课后拓展要合情。影片播放完了，并不代表学生的任务已经完成。教师应该根据具体影片的不同特点、学生的语言能力和教学目的，将学生的学习延伸到课下。如书写观后感、文化现象的作文以及 role play 等个人或小组活动，借以巩固提高。

电影是文化的传播者，是现实生活的浓缩与升华，它综合反映了一个国家和民族的生活方式、风俗习惯、文化历史和思维方式。英文动画电影正是西方文化的丰富载体，在文化内容的展现上具有不可替代的真实性和广泛性。只要教师认真设计教学过程，英文动画电影必将成为大学英语跨文化教学中不可或缺的宝贵资源。

第三节 协作学习在跨文化英语教学中的应用

大学英语教学的目标已经日益由传统的应试教育向提高学生综合英语能力水平的方向转变，如何提高学生的英语文化水平以及日常交际能力是目前大学英语改革的一个重要方向，学校增设了多门英语选修课程，跨文化交际就是其中的一门课程，针对日常教学中遇到的一些问题，为了提高教学效率，将教育学中的协作学习模式引入其中，并对日常教授的两个班级进行实践，取得了较好的教学效果。

目前学生学习英语，主要的目的是为了通过一些相关的等级考试，学生普遍学习热情不高，课堂气氛不活跃，学生的学习方式也是传统的教师课堂教、学生课后背的一种模式，虽然考试通过率有一定的保障，但这无疑大大限制了学生的发展，因为学生的重心只是为了考试，不注重对英语文化的背景研究，口语得不到锻炼，对英语的实用性掌握非常不到位。为了提升学生的综合能力，学校相应的设置一些英语方面的选修课，其中跨文化交际就是笔者所教授的，该门课程注重对西方国家的一些背景的研究，东西方文化的差异使得语言在不同的文化背景下，产生很多种不同的意义，让学生了解各种英语文化的起源，并让学生能够学习好口语，我对该门课程做了很认真的备课，在刚开始的时候，学生对该课尚有新鲜感，有一定的学习热情，可时间久了，慢慢就出现了一些问题。学生的学习效果差，口语锻炼时，相互之间不敢开口，大大降低了学生的学习热情。笔者所带的2个班级，一个班级为中国学生，另一个班级为留学生，留学生多为英美国家的学生，他们是为了学习汉语，笔者认真思考了授课中遇到的困惑，忽然产生了想法，本身跨文化交际这门课就是研究外语与中文之间的差异和共同点，中国学生学习英文但苦于无法锻炼口语，而留学生学习中文，也苦恼于无法锻炼自己的汉语口语，那为何不将这2个班的学生进行组合，混合编排成一个班级，进行授课呢？出于以上的考虑，笔者决定进行合班，而教育学的协作学习模式又恰恰符合这个班级的特点。

通过查阅教育学的相关资料，协作学习模式是基于建构主义的一种学习理论，也是最近比较流行的一种学习模式，通过让学生通过协作的形式，通过课堂上老师讲授，下达教学任务，同学之间互相合作、相互探讨，来达到学习的目的，在信息化技术水平高速发展的今天，这种通过小组或者小团队的形式进行学习的方式，越来越受到大众的欢迎。目前的协作学习模式主要体现方式有如下三种：（1）竞争模式，让学生组成一个小组，在学习完毕之后相互竞争，小组内成员互相竞争，能提高学生的学习积极性。（2）协同模式，主要是让一个小组内的学生相互协作，在学习时遇到不会的内容时，相互指导、互相促进，更好地提升学习效果，增加学生的体验性。（3）辩论模式，该种学习方法较为激进，教师课前需要准备好一系列的问题，在课堂中提出问题，让学生利用掌握的知识在课堂上以辩论的模式，进行学习。

针对笔者所教授的2个班级，根据协作学习的理论，笔者将留学生与中国学生编排在一起，对其教授跨文化交流这门课程，设置了跟课程有关的问题，以中英文两个版本的模式，向学生提问，让学生在课堂上自由辩论，留学生回答问题，必须用中文问答，而中国学生用中文回答，刚开始实施的时候，笔者发现这种教学方式，是个特别有趣的过程，课堂的气氛十分活跃，而且学生也拥有了相当的积极性，让学生适应需要一个过程，在连续上了10多节课后，大家已经慢慢适应了这个过程，与留学生之间的沟通也日益多了起来，学生也敢于用英文跟留学生对话了，而留学生也可以用中文跟中国学生进行交流，课堂取得了不错的效果。随着课时的不断深入，一些问题也慢慢显现出来，由于两个班级合上，学生由原来一个班级的24名学生变成了一个班48名学生，学生人数的增加，对于课堂纪律的把控成了一个问题，而协作学习模式理论认为，利用协作学习模式进行教学，学生的人数不宜过多，一般控制在24人左右，人数过多会直接影响到协作学习的效果。而且人数过多，小组也无法划分。课堂的纪律由刚开始的活跃慢慢变成了不可掌控的局势，而且虽然学生的口语以及词汇方面取得了突破，但在摸底考试中，学生的成绩并不是很理想。

根据教学中出现的问题，笔者进行了反思，重新对授课模式进行改进，首先对学生进行能力测试，根据学生的能力进行重新编排学习小组。利用考试成绩，我进行了小组的差异性编排，4个人一个小组，一组2个留学生、2个中国学生，其中1个中国学生和1个留学生成绩水平处于前列，另外2个人成绩属于相对一般的，这样由成绩好的学生带动成绩一般的学生，是初步的设计思路。另外根据教程，笔者详细设置了课堂中的讨论问题，根据学习的进度，设置了相应的课堂讨论问题，问题分为三种：第一种为抢答问题与测试问题类，学生可以根据回答问题的情况获得一定的积分，最后积分多的，为优胜组，与其他优胜组进行竞赛，这种方式，主要是为了他提高学生的竞争氛围，小组成员相互竞争，提高学生的学习积极性。第二种为讨论题，学生根据老师设置的问题，进行小组讨论，轮流发言，根据不同的问题，获得不同的知识，在遇到不会的单词或者句型时，同一小组的同学可以互相帮忙、相互指导、相互促进，增加了学生的体验性。第三种为辩论题目，学生以小组的模式进行辩论，中国学生以英文辩论，留学生则以中文应对，在辩论的同时，相互学习，中国学生能够更好地体验到原汁原味的英语，对外国的文化得到切身的体验，留学生也能锻炼中文水平。

通过一学期的实践，期末考试之后，笔者对学生的成绩进行了统计，学生的成绩相对上学期平均分提高了 12 分左右,班级有 16 名学生通过了四级英语考试,针对教学的结果,笔者设置了调查问卷,一共分发出 48 份,回收 39 份,其中大多数同学都对该种教学模式表示满意,认为与留学生一起上课,大大提升了学习的兴趣,很多同学认为,自己平时比较害怕的听力考试,现在应付起来得心应手,英语成绩也得到了较大的提高,取得了比较满意的课堂效果,英语课由原来的不想上,上课昏昏沉沉,到现在的主动要求上课,课堂的考勤率也大大提高,基本没有出现过学生逃课的情况。留学生也反映,自己的中文水平得到了很大的提高,自己在课堂中的所学,能够很方便地应用到日常的生活中去,与人的沟通也得到了很大的进步,现在基本上都能流利地用中文与人交流。通过跨文化交际这门课程,能够很好地了解到两国不同的学习和文化的背景,所学习的不再是课本上的死板的知识,对风俗民情都得到了很好的了解,对英语的文化也得到了一些了解,不同的词语,在不同的语气和不同的场合下,会有不同的意思,通过学习这门课程,大大拓宽了学生的眼界,也丰富了学生的课外知识,在应对写作的时候,不再是只言片语,大多数学生都能够很自如地应用一些句子和谚语,写出来的文章,不再是很生硬的中国式英语,表述清晰明朗,对单词的运用也得心应手,取得了较好的教学效果。

综上所述,我认为协作学习模式在大学英语跨文化交际的教学中,是可以应用的,而且取得了不错的效果,当然一学期的时间也有局限性,在日后的教学中,会进一步实践和完善,更好地为教学服务。

第四节 多模态隐喻在跨文化英语教学中的应用

隐喻不仅仅存在于文字中,还存在于图像和声音中,这就构成了多模态隐喻。以电影《阿凡达》和《让子弹飞》为例,从图像、颜色、声音、动作及文字符号模态入手进行多模态隐喻分析，进而总结出多模态隐喻的文化共同性表现为以共同的源域映射相同的目标域意义；多模态隐喻的文化差异性体现在源域结构的文化特性以及基于相同源域结构的认知意象的文化特性。中外文影片中的多模态隐喻分析可以为语言跨文化教学提供一个新的视角。

一、多模态隐喻研究

隐喻是人类认知和体验世界的产物，即人们通过身体体验来实现从某一特定领域向另一领域的认知映射。当前的隐喻研究已摆脱了以修辞学为基础的传统隐喻学的束缚，并与人类的认知思维活动结合，从传统的辞格和语义研究进入到了一个新的认知领域，大大加速了人们解读隐喻、认知与现实世界关系的进程。而多模态隐喻理论的提出则从本质上丰富了Lakoff和Johnson的概念隐喻理论，把隐喻研究从言语层面拓展到了非言语层面，拓宽了隐喻研究的范畴。

模态是在人类感知过程中形成的一种可阐释的符号系统。视觉、听觉、味觉、触觉和嗅觉是人体验世界的五大基本模态。Charles Forceville把模态进一步划分为九类，即图像符号、文字符号、口头符号、手势语、声音、音乐、嗅觉、味觉和触觉。他认为单模态隐喻指其目标域和源域完全或主要以单一模态来呈现，而多模态隐喻的目标域和源域则涉及不同的模态。从广义上来说，有两种及以上模态共同参与构建的隐喻就可以称为多模态隐喻。

目前，多模态隐喻研究主要体现在基于Forceville的多模态隐喻理论进行的理论综述研究以及多模态隐喻理论在具体语类（如广告、漫画、影视作品、演讲等）中的应用型研究。本节将以多模态隐喻与文化的关系为切入点，借助影视作品进行举例分析，将影视作品更好地应用于语言跨文化教学。

二、多模态隐喻与文化认知模式的关系

文化模式是指某一社会群体共享的关于认知世界的模式,该模式在文化成员理解世界及其行为方面起着巨大的作用。文化模式的形成依赖于某一社会群体在特定环境中特有的经历或体验。在文化模式的制约下,该社会群体形成了其特有的思维方式、风俗习惯和文化传统。

隐喻与文化认知息息相关。文化模式建立在概念隐喻的基础上,反映隐喻的内在本质,而隐喻渗透于文化模式,是文化模式的外在体现。Refaie 阐释了政治漫画中的多模态隐喻,指出多模态隐喻从源域向目标域映射的过程是复杂的,有时会传达出其特殊的文化意义。才亚楠在论述广告中的多模态隐喻时指出,多模态隐喻与文化认知模式之间存在相互作用和互动机制。一方面,多模态隐喻源域的结构往往受到不同社团文化规约;另一方面,具有普遍性的概念隐喻在不同文化中往往会激发不同心智意象。

无论在汉语还是英语中,抽象思维主要是通过隐喻的方式来传达的。作为人类认知的重要手段,隐喻折射出人类特有的思维认知模式,因而隐喻的文化内涵不言而喻。对多模态隐喻的研究可以使我们深入挖掘其蕴含的文化内涵,加深了解哪些来自于身体经验的隐喻具有共通性,哪些则具有特定的文化特色,从而探索中西方文化的共通性和差异性。

三、多模态隐喻在英语跨文化教学中的应用

在大学英语跨文化教学过程中,多模态隐喻主要借助视觉模态和听觉模态进行隐喻意义的传达,从而使学生能够获取相关文化认知信息。在跨文化教学中,教师可以借助中西方影片为多媒体素材,分析影片中角色、图像、色调、肢体动作语言、音乐、音响及台词等模态,深入阐释中西方影片通过多模态隐喻折射出的中西方文化精髓。下文将以英语课堂中引用频率非常高的电影《阿凡达》和经

典中文影片《让子弹飞》为例分析多模态隐喻是如何建构的及其对大学英语跨文化教学的启示。

(一) 多模态隐喻的文化共性

不同民族和不同文化背景的人认识世界的心理过程具有共通性。虽然中西方人们生活的地域不同，但他们具有共同的身体体验和对世界的感知方式，这就决定了他们通过共同的身体体验实现多模态隐喻的文化共通性。例如，在影片《让子弹飞》一开始，出现了一只在天上自由翱翔的大鸟，张开双翼，从铁轨的上空飞过；而《阿凡达》中纳威人骑的类似翼龙的独特大鸟"伊卡兰"在潘多拉星球自由翱翔的镜头同样令人印象深刻。这两个镜头均配上了轻柔婉转的音乐，通过图像、声音等多模态方式表征出目标域"自由的理念"和源域"飞翔之鸟"间的关联性。"飞翔之鸟"为源域，通过中西方共同的思维体验进行加工，激活了以"自由精神"为目标域的隐喻。又如，影片《让子弹飞》的结局中，张麻子和黄四郎在一片绿草地上互述衷肠，这是他们的最后一次交谈。周围绿油油的小草映射出了"和平、宁静"的隐喻意义。在张麻子和黄四郎一次次的惊险对决之后，一切终归于平静。同样，《阿凡达》的潘多拉星球上长满了生机盎然的绿草。这些绿草与瀑布、鲜花交相辉映，隐喻了潘多拉星球的宁静与祥和。

因而，在英语跨文化教学中，教师可充分挖掘多模态隐喻体现的文化共性，帮助学生理解中西方相似或相同的认知特点。教师应引导学生去寻找两部影片中具有身体经验共通性的多模态隐喻，从而加深学生对文化普适性的直观印象，加强学生对中西方共同文化特点的理解。

(二) 多模态隐喻的文化特性

某种社会文化中的社团成员要受到其中特定的价值观、民俗哲理、经验知识、文化传统、当地习俗等文化认知模式的影响，这就产生了多模态隐喻的文化差异性。

1. 多模态隐喻源域结构的文化特性

　　基于不同文化语境中认知模式的制约，影视作品中多模态隐喻的源域结构及其特点受到不同群体文化影响和制约。例如，影片《让子弹飞》中蕴含了丰富的具有中国特色的政治隐喻。以张麻子为首的麻匪们脸上挂着"筒子"的面具劫富济贫，并伴有"九筒""四筒"等台词同时响起。影片中的"筒子"通过受众者的思维能力映射出"革命志士"的意象。该隐喻源域结构受到中国文化认知模式的制约，表现出明显的民族文化特性。众所周知，麻将起源于三四千年前的中国，是原属于贵族的一种休闲娱乐方式，后来慢慢留传到了民间，继而传到了国外。麻将文化盛传于华人文化圈中，是中国特有的文化现象。与其相关的概念深深植根于中华民族文化认知，并渗透到隐喻的概念域中，构建出中国特有的文化认知。

　　《让子弹飞》中也涵盖了蕴含中国文化的台词隐喻。例如，黄四郎欲请客张麻子和汤师爷时，汤师爷的台词"鸿门宴"则映射出敌对势力间的居心叵测或暗藏杀机；黄四郎在见到张麻子和师爷后的台词"珠联璧合"则喻指张麻子和师爷的联合对其构成的潜在威胁；在张麻子带着钻石和师爷离开后，黄四郎的一声"杀鸡取卵"则反映了其欲杀掉张麻子取回钻石的狡诈；黄四郎的经典台词"三步棋"表征出目标域"达到某一目标的战略"和源域"中国象棋的攻略"间的关系；在胡万假扮麻匪的真相被点破之后，张麻子把胡万等六人的尸体作为麻匪的替死鬼埋在麻匪的火拼地点引来黄四郎上当，这一场景中师爷的最后一句"狸猫换太子"则喻示张麻子真假互换的计谋和胆识。这些具有中国文化特色的台词配上画面和手势，通过听觉和视觉的多重模态，展示出了中国特有的文化思维模式。

　　另外，该影片体现了富有中国文化特色的角色隐喻。影片通过图像、台词、文字和手势模态的结合刻画出一袭黑衣的土匪老大张麻子、身着北洋年代华丽服装而面露奸诈的霸主黄四郎、话语圆滑的汤师爷、地位卑微的县长夫人、风尘女子花姐等剧中人物。这些剧中主要人物或穿着北洋军阀时期的中式西服，或戴着这一时代特有的礼帽，一言一行极具中国文化特色，通过体验投射，分别喻指中国旧时革命派人士、手握实权的剥削阶级、兼具革命性和妥协性的民族资产阶级、旧社会弱势女性以及具有觉悟的中国革命女性。

西方影片《阿凡达》同样通过听觉和视觉的多重模态刻画出具有西方文化特色的纳威人。生活在潘多拉星球上的纳威人具有发光的双眼、竖长的耳朵、细长的头发、高颧骨以及全身的花纹。这一外部特征不禁让人联想到了美洲大陆的印第安人,因为两者具有相似的外表,而且印第安人也有文身和文面的习惯来庇护自己免受疾病和苦难的折磨。再者,纳威人的衣服也简单质朴,主要是用布或树叶简单遮掩住隐私部位,这与美洲印第安人的服饰也极为相似。另外,纳威人身上佩戴有亮丽的饰品,如头饰、项饰、腰带、臂链、弓箭袋等,这些饰品一般用天然的石头或树叶制成,这也映射出印第安人佩戴饰品的习俗。由此可见,纳威人遭遇人类屠杀的情节便映射出了北美土著印第安人遭遇资本主义殖民侵略者欺压和杀戮的辛酸血泪史。这些具有古印第安文化特色的纳威人形象通过隐喻性思维加工,激活了"被殖民者"这一认知意象。

上述两部影片中充溢着多模态隐喻,其中的源域结构体现了中西方特有的文化。因而,教师在跨文化教学中的一个主要任务便是引入中西方影片中的多模态隐喻,剖析其具有文化特性的源域结构和特点,从而归类并整理出中西方特有的文化内涵,促使学生思考中西方的文化差异性。以影片中多模态隐喻为出发点的跨文化教学可以使学生通过多重模态深入感受到隐喻所呈现的文化内涵,以加深学生对中西文化差异的理解。

2. 多模态隐喻认知意象的文化特性

具有普遍性的概念隐喻在中西文化中往往会产生不同的认知模式。中西方影片中的多模态隐喻也体现在从相同特点的源域向不同文化内涵的认知意象间的映射。

例如,影片《让子弹飞》中张麻子和他的弟兄们剿匪归来受到了乡亲们的热烈欢迎,这也是最后一次正与反的对决。这时影片的背景颜色为红色,并伴有激昂的音乐。通过图像和音乐，受众基于自身体验可以推断出红色所喻指的"革命"之意。自从马列主义的火种传到中国之后，红色往往与中国革命志士们抛头颅洒热血的精神以及中国人爱国的赤诚之心紧密相连，因而，红色所传递出的"革命"喻义展示了中国特有的文化内涵。又如，在妓院黄四郎和花姐的对手戏中，柔和台词配上了红色的背景。这里的红色则喻指肉体的情欲和不洁。在中国中世纪，妓女的穿着打扮都以红色为主色调来表明自己的身份，因而红色在中国文化中也逐渐演变成了一种情色的标志。影片《阿凡达》中潘多拉星球的背景以蓝色和绿色为主色调，并有红色等亮丽色的点缀，再配上画面中茂密的参天巨树、飘浮在空中的群山、色彩斑斓的茂密雨林以及纳威人快乐的呼喊声，展示出纳威人美好的原生态世界。影片《阿凡达》中的红色背景则和蓝色、绿色一起通过隐喻共同映射出"生态之美"的认知域。由此可见，《阿凡达》中的红色隐喻揭示了西方对人与自然和谐相处的重要性的认识。

另外，影片《让子弹飞》中张麻子和四个弟兄骑马胜利归来的场景运用了黄色背景，从人物的神情和配音可以推断出这里的黄色通过隐喻映射出"胜利、尊贵和庄严"之意。黄色自中国隋唐起就成了帝王之色，只有皇氏家族才有权穿黄色的衣服，佩戴黄色的首饰，使用黄色的器具，因而黄色在中国文化中渐变成了尊贵与荣耀的象征。而影片《阿凡达》的人类世界则以暗黄色为背景，这里的黄色通过隐喻映射出"生态破坏"之意。影片通过黄色背景展示出了人类被破坏的生态环境与潘多拉星球的美好世界相距甚远，同时折射出了西方的生态文化，即西方人对生态破坏的忏悔和对和谐生机的向往。

再者，《让子弹飞》中小六子死后的葬礼上，张麻子、汤师爷及其弟兄们身穿黑衣，头戴白帽，手捧黑白两色鲜花，在坟墓前向小六子致敬。镜头中的白色通过隐喻映射出"哀悼、缅怀"的抽象概念。华夏文化中，殡葬时人们通常身穿白衣，头戴白帽，胸佩白花，腰系白带，来表达对逝者的敬意，白色因而具有了深厚的中国文化底蕴。同样，《阿凡达》中男主人公与纳威公主深情地相望相拥的场景以白色为主背景色调，并伴有浪漫的台词和优美的音乐。他们身后白色的背景通过受众者的思维能力，鲜明地映射出了男女主人纯洁质朴的爱情。这可以追溯到西方文化中白色是宙斯、圣灵、耶稣、圣母玛丽亚等的象征色彩。随后，白色成了教士服装的颜色，因而白色在西方文化中逐渐演变成了纯真的标志。

综上所述，相同的源域在不同的文化中映射出不同的隐喻意义，这为教师在跨文化教学实践中提供了启示。这就决定了跨文化教学的有效方法就是从多模态隐喻中相同的源域特点入手，分析其不同的隐喻意义及其蕴含的中西方文化特性。教师可以引导学生寻找中西方影视作品中相同的源域概念及其所映射的不同的目标域概念，并从中找出不同的目标域概念所折射出的中西方文化的特点。另外，教师也可以引领学生对比从相同源域到不同目标域的映射过程，分析其不同的映射过程所体现的中西方不同的思维特点。再者，教师也可和学生探讨不同的隐喻认知意象如何体现不同的文化特性，从源头上追溯中西方文化特性的成因。

语言和文化相辅相成，文化根植于语言中，而语言则反映出文化的内涵。因而大学英语教学不仅仅是语言表达和语法知识的教学，也涉及文化意识的培养和文化知识的传授。在现今时代，多媒体已越来越多地渗入英语文化教学中。教师往往会借用中西方经典影片作为多媒体素材，引用影片中的台词来阐释中西方文化的异同点。事实上，多媒体素材不仅仅是以文字的形式呈现出来，而是视觉模态和听觉模态共同结合的产物。因而，在英语跨文化教学中有必要挖掘出影片分别在图像、台词、角色、背景颜色、声音等方面的隐含意义，引导学生在欣赏中西方影片的同时，深入把握中西方影片在多模态层面呈现出的文化隐喻意义，从而优化教学过程，并有效地促进英语教学中的文化导入。

参考文献

[1] 何云峰. 现代基础教育研究 第 27 卷 [M]. 上海：上海教育出版社, 2017.

[2] 毛妙维. 现代英语教育教学研究与方法 [M]. 北京：北京工业大学出版社, 2019.

[3] 齐高岱. 现代远程教育创新理论与研究 [M]. 东营：石油大学出版社, 2011.

[4] 王峥, 王佩. 高校英语教育模式创新研究 [M]. 北京：北京工业大学出版社, 2019.

[5] 李晓红. 现代外语教学理论与实践 [M]. 长春：吉林文史出版社, 2017.

[6] 吴美兰. 大学英语教育的教学方法和探索 [M]. 天津：天津科学技术出版社, 2018.

[7] 刘海燕. 英语课堂教学与英语思维研究 [M]. 成都：电子科技大学出版社, 2020.

[8] 丁睿. 大学英语教学发展研究 [M]. 长春：吉林人民出版社, 2019.

[9] 吴波, 官敏. 现代教育技术教程 [M]. 上海：复旦大学出版社, 2012.

[10] 鲁巧巧. 跨文化教育视域下的英语教学改革探究 [M]. 沈阳：辽宁大学出版社, 2019.

[11] 谭钦菁. 大学英语理论与教学研究 [M]. 北京：北京工业大学出版社, 2018.

[12] 周帆. 高校英语教育教学理论与实践研究 [M]. 长春：吉林大学出版社,

2017.

[13] 张铭. 当代大学英语教学理论与研究 [M]. 北京：九州出版社，2019.

[14] 郭江虹. 大学英语的多维教学理论研究 [M]. 长春：吉林大学出版社，2019.

[15] 胡敏捷. PI 理论与大学英语教学方法探索 [M]. 北京：中国纺织出版社，2019.

[16] 孙玉梅. 现代英语教学法 [M]. 长春：东北师范大学出版社，2016.

[17] 杨海霞，田志雄，王慧. 现代高职英语教学研究与实践探索 [M]. 长春：吉林人民出版社，2019.

[18] 任梅. 新时代大学英语教育教学理论与实践研究 [M]. 成都：四川大学出版社，2018.

[19] 赵丽. 互联网背景下高校英语教育的创新发展 [M]. 长春：吉林人民出版社，2020.

[20] 蔡玲. 大学英语教学实践探索 [M]. 长春：吉林文史出版社，2021.